Een reservaat van pekelharingen

Een reservaat van pekelharingen

NEDERLANDSE SCHRIJVERS OVER HUN VERRE VADERLAND

SAMENGESTELD EN INGELEID DOOR

ONNO BLOM

1996 Prometheus Amsterdam

Omslagontwerp Marten Jongema
Omslagillustratie Gezicht op Delft *(detail) van Johannes Vermeer*
ISBN 90 5333 393 2

Inhoud

Inleiding

Goede literatuur over Nederland wordt nogal eens in den vreemde geschreven. 'Weggaan kun je beschrijven als een soort van blijven' heeft Rutger Kopland ergens geschreven — het verwoordt mooi dat schrijvers het niet kunnen laten vanuit het buitenland over hun schouder te kijken. Ver weg van polders en dijken zien ze met andere ogen wat zo vertrouwd is: de moraal en de cultuur van hun vaderland.

Het 'buitenlandse' perspectief op Nederland, waaraan deze bloemlezing is gewijd, is een intrigerend thema. Perioden van langere of kortere afwezigheid hebben schrijvers door de eeuwen heen aangezet tot analyse van het vaderland. Vanaf een ander continent, uit een nabijgelegen Europese hoofdstad of nét terug — maar met de toeristenblik nog in de ogen — schrijven auteurs vol kwaadheid, verbazing of verliefdheid over hun land van herkomst. Opvallend is de stelligheid waarmee ze hun inzichten naar voren brengen. Nederland is op afstand véél mooier, saaier, toleranter, platter en kouder.

De karikaturen van verbitterde emigranten of eenzame beroepsreizigers zijn waarschijnlijk wel de mooiste. Vol overtuiging schelden zij op de plek des onheils. Slauerhoff, de *poète maudit* van de Nederlandse literatuur die als scheepsarts over de wereldzeeën voer, dichtte vol afschuw:

> In Nederland wil ik niet sterven,
> In de natte grond bederven
> Waarop men nimmer heeft geleefd.
> Dan blijf ik liever hunkerend zwerven

Het zijn prachtige, voelbaar pijnlijke regels die passen in een lange literaire traditie van pessimistische zelfkritiek die al net zo lang bestaat als Nederland zelf. In de vorige eeuw bijvoorbeeld, in het roerige politieke jaar 1848, verketterden twee van onze schrijvers hun eigen land. In een brief uit Londen typeerde Gerrit van de Linde, alias 'de Schoolmeester', Nederland als 'bejaard, burgerlijk, bezadigd en kousverstellend'. De schrijver Kneppelhout verzuchtte op zijn beurt dat hij bij zijn landgenoten geen spoor van creativiteit of originaliteit kon ontwaren:

> In Holland klopt het hart langzaam, het bloed is loom, het ooglid zwaar. Weinigen, die aan het welslagen eens landgenoots gelooven; weinige wier ontwerpen niet met een meesmuilend schouderophalen worden ontvangen; hoevelen, die uit gemis aan bijval en aanmoediging aan hunne eigene goede invallen en voornemens twijfelen! Daarom komt er weinig tot stand; edele, grootmoedige beginselen raken uitgedoofd; hier en daar sleept een verwezenlijkt denkbeeld druipstaartend voort.

In Multatuli en Busken Huet hadden Kneppelhout en de Schoolmeester in de negentiende eeuw belangrijke medestanders. Het gehele oeuvre van Multatuli is in feite één grote aanval op Nederland, zijn *Max Havelaar* (1858) onbetwist de belangrijkste literaire aanklacht tegen de vaderlandse politiek ooit. Ook in de romans en de bijtende literaire kritieken van Conrad Busken Huet is een flinke dosis nationaal pessimisme terug te vinden. In zijn roman *Lidewijde* uit 1868 voert Huet ene dr Ruardi ten tonele die met de hele Nederlandse cultuur de vloer aanveegt. Als aan deze sarcastische figuur wordt gevraagd waarom er geen leesbare geschiedenis van de Nederlandse letterkunde bestaat antwoordt hij:

> Omdat, lieve vriend, zelfs een Franse kok een haas nodig heeft om hazepeper te kunnen maken. Een volk dat nooit een eigen denkbeeld vertegenwoordigd heeft, altijd om zo te zeggen, op

de boer heeft gereisd, nooit iets anders heeft gedaan als navolgen en achteraan komen — zulk een volk, dat spreekt, heeft geen literatuur die het de moeite waard zou zijn te boek te stellen, en men richt dan ook bij u standbeelden op voor letterkundige grootheden wier werken zo weinig gehalte bezitten, dat wie beproeven wil ze in een vreemde taal over te brengen, het er stelselmatig op aflegt.

Deze dr Ruardi zou weggelopen kunnen zijn uit het werk van een van de belangrijkste schrijvers van deze eeuw: Willem Frederik Hermans. Samen met de andere *angry young man* van de naoorlogse Nederlandse literatuur, Gerard Reve, veroorzaakte Hermans grote opschudding. Hermans en Reve gaven ongezouten hun mening over het bekrompen vaderlandse geestesleven, en dat werd hen niet in dank afgenomen. Beide schrijvers verlieten dan ook in de jaren zeventig verbitterd het land, na jaren van schandalen en processen. Voor hun lezers maakte dat niet veel uit. Ook vanuit hun buitenlandse woonplaats bleven zij snijdende commentaren leveren op Nederland. W.F. Hermans fulmineerde vanuit Parijs tegen de Hollandse kleinburgerlijkheid, en schold op het foute gebruik van de taal, de idiote politiek, de spruitjeslucht en de hondepoep die de Amsterdamse straten bevuilde. Gerard Reve schreef in een brief vanaf zijn Geheime Landgoed in Frankrijk dat hij wellicht in Nederland gebleven zou zijn, 'indien daar, bijvoorbeeld, een fatsoenlijke woning te huur was geweest, en als ik mijn auto er veilig had kunnen parkeren, en als ik in enige stad vanuit een telefooncel zou kunnen telefoneren.'

Uit de houding van onze 'buitenlandse' schrijvers ten opzichte van Nederland blijkt bovenal innerlijke verscheurdheid. Ondanks hun ongebreidelde scheldpartijen laten auteurs het land van de taal waarin ze schrijven nooit helemaal los. *Spleen* bepaalt het leven van veel van de vrijwillige bannelingen. De tragische Slauerhoff was daarvan misschien wel het beste voorbeeld. Als 'Slau' in Nederland was, droomde hij van een verboden rijk aan verre kusten, maar als hij op een van zijn schepen duizenden mijlen van huis was, schreef hij brieven vol heimwee aan zijn Hollandse vrienden en vriendinnen.

Zelfs de meest verstokte reizigers werden wel eens overvallen door melancholie of vergevingsgezinde liefde voor het vaderland. Louis Couperus — naar eigen zeggen in hart en ziel een Italiaan — worstelde af en toe met heimwee. Toen hij op een van zijn reizen bijna in een oorlogsgebied verzeild raakte, spoedde hij zich zo snel mogelijk naar het veilige Den Haag. 'Toen heb ik geweten, o Holland, dat ik u tóch liefhad, heel diep in mijn ziel, trots wat gij mij eenmaal deed lijden.'

De ogenschijnlijk onverzoenlijke Busken Huet had eveneens zijn momenten van zwakte. Toen hij in 1877 terugkeerde van een reis naar Napels, moest hij toegeven dat Nederland 'een van de schoonste landen der wereld' was. 'Dit neemt echter niet weg,' schreef hij een jaar later in een brief uit Parijs, 'dat zoo vaak ik Nederland terugzie, ik den indruk ontvang van een land, gelegen aan de kust der Doode Zee, waar de vogels niet overheen kunnen vliegen zonder te sterven. Uit alle plaatsen, instellingen, klinken er mij het woord 2 Koningen IV:40 in de ooren: "Man Gods, de dood is in de pot." '

Toch heeft ook het idealistische en romantische idee van Nederland natuurlijk zijn onvoorwaardelijke literaire exponenten. De dichter-priester Bertus Aafjes bijvoorbeeld verheerlijkte het vaderland op hooggestemde toon — volstrekt serieus en tegelijk zonder een spoor van calvinistische ingetogenheid. Aan het begin van zijn *Voetreis naar Rome* dichtte Aafjes, voor de laatste maal achterom kijkend naar het vlakke Nederlandse landschap:

> Vaarwel land, met uw grijze plassen
> Zoo frisch als elders slechts 't azuur;
> Vaarwel land als een kind gewasschen
> Des morgens door moeder natuur.

Onweerstaanbaar doet zo'n Hollandse wijde blik denken aan de beroemde dichtregels van Hendrik Marsman, waarin 'brede rivieren traag door oneindig laagland gaan' en 'boomgroepen, dorpen, geknotte torens, kerken en olmen' samenstromen in 'een groots verband'. Marsmans gedichten torenen echter wat kracht en betekenis betreft hoog uit boven Aafjes clichématige verzen. Het is als het verschil tussen het centrum van Amsterdam en de Zaanse Schans.

Ondanks het grote kwaliteitsverschil weerklinkt in beide soorten poëzie de lof voor het vaderland en het Nederlandse landschap die onze voornaamste renaissance-dichter Vondel nog zonder blikken of blozen durfde te laten horen. Het is een late echo van onbekommerde beelden van schoonheid uit de Gouden Eeuw, de tijd waarin Ruysdael de Hollandse luchten blauw schilderde en de melkmeisjes van Vermeer in statige herenhuizen hun kannetjes melk uitschonken.

Schrijvers die de laatste twee eeuwen vanuit het buitenland hun situatie vergeleken met de Nederlandse wijzen er nogal eens op dat de 'gouden' tijden reeds lang voorbij zijn. Nederland heeft in de wereld nauwelijks meer iets te betekenen en is verworden tot een provincie in het achterland. Marcellus Emants had, aan het eind van de vorige eeuw op reis door Zweden, al moeite om een Zweedse ambtenaar te overtuigen van het bestaan van een zelfstandige Nederlandse staat met een eigen taal. Gerrit Komrij constateert een eeuw later nog exact hetzelfde:

> Als je geluk hebt kom je in het buitenland wel eens een intellectueel tegen die weet waar Nederland ligt.
> Tenminste, waar zo ongeveer.
> Ergens achter of in de buurt van Denemarken.

'Een reservaat van pekelharingen' is volgens Komrij nog de meest adequate beschrijving van zijn land van herkomst. Enthousiasme over Nederland is in de zwartgallige stukken uit zijn huidige zonnige woonplaats nauwelijks te verwachten. En als hij al iets positiefs heeft kunnen ontwaren, dan zorgt hij er wel voor dat je dat ogenblikkelijk gaat wantrouwen:

> Ik woon al jaren in Portugal en ik hoef, bij een bezoek aan Nederland, maar *even* te zeggen dat het er *zo* is en dat geen maatschappij het haalt bij de Nederlandse, of onveranderlijk is een dankbare hondenblik mijn deel. Zoals mensen op de treurbuis af en toe naar 'de familie thuis' wuiven, zo schrijf ik met vaste tussenpozen in een Hollandse krant iets over heimwee, grachten, Hollandse hartelijkheid, rolmopsen *e tutti quanti* en zie: mijn kostje is gekocht. Ik houd dat nauwlettend in de gaten. Ik heb mijn lezers in Nederland. Ze kunnen wat mij betreft, één voor één in de grachten, sloten, vennen, ondergelopen polders en uiterwaarden verdrinken, maar ik zal me daar gek zijn ze *niet* op te vrijen.

De waarheid is dus — als je onze auteurs van Portugal tot Parijs moet geloven — dat Nederland een saai, burgerlijk en bloedeloos land is. *Joie de vivre* en *la dolce vita*, niet toevallig buitenlandse uitdrukkingen, zijn er ver te zoeken. Het enige unieke dat we hier hebben is 'gezelligheid'. Daar is in het buitenland geen woord voor. Maar buiten Nederland zit daar dan ook geen mens op te wachten.

'Doe maar gewoon, dan doe je al gek genoeg', dat is de Nederlandse moraal die van de pagina's van de meeste romans en dichtbundels van de laatste twee eeuwen walmt. Het is tegelijkertijd juist díe moraal die in veel strijdbare literatuur op de hak wordt genomen. 'Jan Lubbes', de personificatie van de gemiddelde sukkelige Nederlandse schrijver in het werk van E. du Perron, en Multatuli's 'Droogstoppel' zijn daarvan de geschreven bewijzen. Het zijn de komische archetypen van de treurige, typisch Nederlandse ideologie van het spreekwoordelijke maaiveld.

Het ironische van al deze boze en verdrietige literatuur over Nederland is dat zij haarfijn het tegenovergestelde bewijst van wat zij betoogt. Dat Nederlanders niet kunnen schrijven en geen eigen, gevarieerde cultuur kennen die je kunt liefhebben, is onmogelijk te geloven als je Multatuli of Komrij leest. Het 'buitenlandse' perspectief dat hun bijdragen in deze bloemlezing kenmerkt, maakt dat nog eens met grote terugwerkende kracht duidelijk.

Onno Blom, november 1995

Bertus Aafjes

Loflied op de Nederlandse grens

Nederlanders zijn een vreemd soort landslieden; zij plegen niet hoog van zichzelf op te geven. Als men in een internationaal gezelschap reist, dan is het moment nooit ver waarop de diverse landslieden ongevraagd een lans gaan breken voor hun respectievelijke vaderland. De Fransman vijzelt zijn overleden democratie nog eens op, de Engelsman zijn Elizabeth, de Duitser zijn camera en de Italiaan zijn charme. Een Nederlander luistert en zwijgt beleefd.

Het was in zulk een internationaal gezelschap, waarin een ieder de schoonheid van zijn eigen land aanprees, dat een der aanwezigen vroeg wat ik als Nederlander dan wel het mooiste gedeelte van mijn land vond.

'De grens,' zei ik.

'Als u uw land verlaat?' vroeg de ander met opgetrokken wenkbrauwen.

'En als ik terugkeer,' antwoordde ik.

Ik wil niet zeggen dat een Nederlander niet chauvinistisch is. Maar hij krijgt er in een internationaal gezelschap eenvoudig de kans niet toe. Als Nederlander is hij eenvoudig buiten mededinging. Iedere buitenlander in zulk een gezelschap die Nederland ooit bezocht, praat chauvinistischer over Nederland dan de Nederlander zelf.

Dat heerlijke land waar men met de kerktorenspits onder water woont.

Waar tulpen uit de hoeden en siergras uit de klompen groeien. Wij zijn zo charmant: wandelende bollenvelden.

Een sprookje in drie talen: want wij spreken Frans, Duits, Engels. En een modern sprookje ook nog: we drinken een zee leeg als het moet.

En netjes, mijn hemel, men kan er van de straat... ja wat kan men er niet van de straat... men kan erop slapen, men kan ervan eten, het enige wat men er niet van kan is: stof afnemen.

Als gij ooit in internationaal gezelschap reist, laat de grote landslieden elkaar dan de patriottische vliegen afvangen. Werp u niet op als paladijn van de lage landen bij de zee. Ga niet bluffen. Want er komt klokvast een ogenblik waarop het gezelschap eenstemmig veel verbluffender dingen over uw vaderland gaat zeggen, dan gij ooit met goed fatsoen zou kunnen doen. Gij behoeft alleen maar wat af te remmen. Dan zijt gij, Nederlander, bij alle goede eigenschappen die u in de klompen geschoven worden, nog bescheiden ook.

In een groot deel van de wereld is Nederland een mythe. En als gij veel reist en daardoor genoodzaakt wordt Nederland van de andere zijden van de grens te zien — dan ontkomt men ook als Nederlander niet aan mythevorming.

Keert men dan weer terug op eigen bodem, dan moet men onvermijdelijk de mythe met de werkelijkheid confronteren. Het is dan verbazingwekkend hoeveel er van de mythe overeind blijft. Wij Nederlanders behoren ongetwijfeld tot de beste en braafste burgers ter wereld en de democratie zit ons langer in het bloed dan onze grote naburen. We hebben geen bedelaars en armenhuizen en nauwelijks een weeskind — dat wordt dan nog door een liefhebbende tweede moeder verdonkeremaand. Wij halen met gevaar voor eigen leven een hond of kat uit het water en een ezel en een stier zijn voor ons een lief of een braaf dier.

Wij genieten allen een mate van welvaart en vrijheid, waarom het leeuwedeel der aardbewoners ons alleen maar benijden kan. Wij zijn op aarde het land van de gulden middelmaat, want nergens ligt die gulden middelmaat zo hoog. Men kan deze uitdrukken in duizenden voorrechten: bakker aan de deur, gordijnen voor de ramen, bloemen in de vensterbank, vrijheid om iemand te zien of niet te zien — enfin, loop uw huis door en bekijk het.

Waarom gaan wij dan toch zo graag de grens over?

Ach, laat ons eerlijk zijn, het is natuurlijk een zegen, de democratie, en de vrijheid is het hoogste goed, maar hoe meer vrijheid er is voor iedereen, hoe minder vrijheid er is voor degene die eens iets anders wil dan de anderen.

Als een vrouw zich eens echt chique wil kleden en ze stapt zo maar ergens in Nederland in de autobus dan komt zij met blauwe plekken thuis. Of op z'n minst met haar handtasje vol beledigingen. Wat dacht u dat er met u gebeurde wanneer u als een echte dichter met een Lafayette ging lopen? Of in een Trumanhemd? In Nederland mag veel — maar daar voorbij mag dan ook ineens niets meer of men wordt de dorpsidioot. Het is het onvermijdelijk gevolg van de gulden middelmaat van de vaderlandse democratie. Wie zal ontkennen dat het beter is een echte burger te zijn in Nederland dan een echte bedelaar in Spanje? Maar wij moeten dan ook stuk voor stuk onze tol betalen aan dit burgerschap. De vaderlandse jaloezie waakt er angstvallig voor dat wij de streep der middelmaat niet overtreden. Anders licht zij ons een been.

'Bedelaars benijden miljonairs niet,' zegt Bertrand Russell. 'Zij zijn afgunstig op bedelaars, die meer ophalen dan zij. De gelijkschakelingsleer van democratie en socialisme heeft het strijdterrein der jaloezie grotelijks uitgebreid. Op het ogenblik is dit een groot kwaad, doch het is een kwaad, dat aanvaard moet worden om tot rechtvaardiger sociale verhoudingen te komen.'

Geen Nederlander loopt meer in vodden, lijdt honger of kou of is analfabeet. Noblesse oblige — luidt het gevleugelde woord. Doch niet alleen adeldom verplicht. Ook burgerdom. Zij verplicht ons plaats te nemen in Nederlands bonte dinsdagavondtrein. Men kan daar natuurlijk altijd zijn oren toestoppen.

En men kan, bij tijd en wijle, vluchten. En daarom vind ik — van welke kant ik het ook bezie — de Nederlandse grens het mooiste gedeelte van 's werelds mooiste land. Ik woon een uur gaans van haar af.

Aan deze kant bén ik dichter.
Aan de andere kant voel ik mij een dichter.
Steekt u mee over.

R.C. BAKHUIZEN VAN DEN BRINK

Werk in Wenen en hang naar Holland

Op 29 juni 1846 schreef de historicus en literator R.C. Bakhuizen van den Brink in Brussel een brief aan zijn universitaire leermeester en vriend J. Bake. Na archiefonderzoek in Wenen, waar hij de correspondentie tussen Margaretha van Parma en Philips II had ontdekt, was Bakhuizen naar Brussel afgereisd om daar zijn onderzoek naar de Nederlandse Opstand voort te zetten. Aan de Brusselse Rue de Flandre no. 123 werd hij overvallen door heimwee.

Ik heb Weenen verlaten in de maand April. De Keizerstad heeft mij niet bevallen; hare vermaken (de schouwburg uitgezonderd, waar de beste Duitsche stukken voortreffelijk gespeeld werden) hebben mij niet geboeid; het volk is in mijne oogen de verworpenste slavenzoo, die ik u tot dusverre zag: en van hare weinige geleerden, ten minste in de vakken mijner voorkeuze, denk ik aan niemand met warme herinnering terug dan aan den Germanist Theod. von Karajan. En met dat al is welligt Weenen de plaats, waar de werkkring van mijn leven zal bestemd geworden zijn. Sedert ik, mede door uwen invloed, den toegang tot de archieven had bekomen, heb ik geen oogenblik ongebruikt gelaten. Zeven uren daags heb ik in den ijzeren kooi (alles is er uit voorzorg tegen brand met ijzer beslagen) doorgebragt, en dat vijf maanden achtereen.

Ik moet thans geheel mijn hart voor u open leggen. Ik ben het zwerven moede, en niemand kan vuriger dan ik verlangen naar den vaderlandschen bodem. Ik ben Hollandsch van top tot teen en heb in den vreemde ondervonden, dat ik nergens te huis was dan dáár. Doch ik weet, dat het fatum, hetwelk mij van daar verwijderd houdt, nog onverbiddelijk is. Reeds veel dunkt het mij voor mij zelven gewonnen, wanneer ik tenminste nabij den vaderlandschen grond ben: wanneer ik de lucht, die van daar waait, kan opvangen en ieder geruisch kan beluisteren. Vergeef mij de beeldspraak. Ik voel de behoefte te deelen in den gang der Hollandsche letterkunde, der Hollandsche wetenschap, in de wisseling der openlijke meening; ik voel de behoefte aan Hollandsche boeken, aan Hollandsche vrienden en aan Hollandsche kranten en tijdschriften. Ik wil niets nemen zonder met woeker terug te geven. Want ik voel, dat ik uit eene kring gerukt ben, neen, mij zelven gerukt heb, (waarin ik) niet onopgemerkt en niet onvruchtbaar was. Wat te doen, om in dien kring wel niet persoonlijk, maar moraliter terug te keeren? Werken, zult gij zeggen, met en voor Holland! Niemand wil liever dan ik dien raad volgen; maar de omstandigheden die ik ondervond, het vele dat ik op mijne reize zag, het velerlei waarvan ik gedwongen was kennis te nemen, hebben mijn hoofd verstrooid, en om met vrucht te werken, moet de werkzaamheid op één punt gevestigd zijn. Om met vrucht te werken, moet het hoofd meer rust hebben dan het mijne thans heeft, moet mijn bestaan zekerder zijn dan het thans is. Ook ten gevolge dezer beschouwing herhaal ik, wat ik u boven zeide: ik ben het zwerven moede. Ik zoek rust, ik zoek vestiging, ik zoek brood. Hoe vooral het laatste hier te vinden? Ik weet, dat ik in vele opzigten boven vele Belgen sta, bij welke schaarsch de studie goed onderlegd is: ik kan misschien van vrienden in Holland aanbevelingen bekomen, die mij hier en daar een weg banen, die mij gesloten blijft, wanneer ik op mijzelven sta. Maar slage ik, dan verwijdert juist dat mij van Holland. Ik moet deelen in het leven en streven der Belgen; ik moet het, omdat ik voor alles wat mij omgeeft van nature te aantrekkelijk ben. Zoo ik mijn gemak en mijn belang raadplege, dan zou ik mij welligt in de armen der Vlaamsche beweging te werpen hebben; maar de overtuiging van mijn hoofd strijdt er tegen, en mijn geweten kent mij rein, dat ik de overtuiging van mijn hoofd nimmer aan eenige consideratie, welke ook, heb opgeofferd. De Vlaamsche beweging, bij de rigting welke haar gegeven (wordt), laat voor Holland niets hoopen en is voor België noodlottig. Het laatste zal er door vergermaniseerd worden of, dat even erg is, nog dieper onder het juk der Katholieke partij gekromd gaan. Ik heb die meening geprofesseerd van den beginne af, dat ik België bezocht; ik ben er nog van overtuigd en heb mijnen vrienden van *den Gids* beloofd die overtuiging, in tegenspraak met sommige artikels van Potgieter, in hun tijdschrift over te gieten. Nu vraag ik u, wat men hier en in Holland zou denken en gelooven van een Hollander, die met de Fransquiljons gemeene zaak maakt?

Dit alles schrijf ik onder den indruk van een naderend gevaar. UH.G. heeft mij zelfen eenmaal de lippen opengebroken. Ik wil ze, ik wil mijn hart voor u niet sluiten. Omstandigheden, verwijdering, kleine grieven hebben de ontknooping nader gebragt, welke een vroeger schrijven van u als mogelijk en te eeniger tijd als noodzakelijk onderstelde. Maar die ontknooping zal echter door allen in mijn nadeel beoordeeld worden, en God beware mij dat ik anders doen zou dan onder dat harde oordeel het hoofd te buigen. Holland zal dus over mij bij vernieuwing het anathema uitspreken, en digt bij den vaderlandschen bodem zal de klove tusschen dezen en mij nog wijder gapen.

De wetenschap, ik gevoel het, is mijne roeping. Maar mijne sympathiën zijn voor Holland; mijn vooroordelen, zoo gij wilt, zijn uit Holland; mijne taal is en blijve Hollandsch. Uit Holland uitgestoten, en waarschijnlijk nog voor vele jaren uitgesloten, gevoel ik mij vreemd, gevoel ik mij pijnlijk in België. Zelfs de wetenschap, zooals zij in België beoefend wordt, is voor mij gesloten. Alle klassieke grondslag is hun vreemd, en op Roulez te Gent na, geloof ik niet dat één enkele Belg een candidaats-examen in het Grieksch zou kunnen doorstaan. Hollander in merg en been, klassiek gevormd in uwe school, aan uwe universiteit: barbarus his ego sum, quia non intelligor ulli.*

Ik heb hier eenmaal eene openbare zitting der Academie bijgewoond. De Gerlache, Stassart, Reiffenberg, Quetelet en Roulez hebben allen gesproken. En mijn oordeel? Zie, in jeugdige dartelheid heb ik, zooals mijne tijdgenooten, met het Amsterdamsche Instituut gespot. De eerste nommers van het tijdschrift hebben mij doen vermoeden, dat de leden wel eens uit hunne vergaderingen naar huis gingen, elkander aanziende zooals de augurs van Cicero. Ik spreek van de eerste nommers van het Instituut: van de latere heb ik een hoog denkbeeld, sedert ik door uwe goedheid een uittreksel van het door u medegedeelde over het fragment van Longinus ontving. Ik betuig daarvoor den opregtsten dank, en niet het minst voor den lof, mij daarin gegeven. Ik weet het, die lof is onverdiend: want de geringe moeite, die ik voor u deed, was slechts eene onbeduidende afrekening op de onbetaalbare schuld van dankbaarheid, die ik aan u heb. Maar toch streelde mij die lof; toch was het eene aanmoediging voor mij, dat te midden der velen, die mij veroordeelen, of wat nog erger is, vergeten, eene stem van zooveel gezag als de uwe zich opentlijk voor mij verhief. Heb nogmaals dank voor de streelende gewaarwording, voor de edele opwekking welke gij mij daarmede geschonken hebt! — Ik raak van mijnen tekst, maar er is weinig aan verloren. Ik wilde de vergelijking van het Belgische met het Nederlandsche Instituut voortzetten, en zeggen dat, wat ook in Holland er niet gedaan wordt, men tenminste de kunst verstaat eene openbare vergadering met waardigheid te souteneren. Hier schaamde men zich zelfs voor het publiek niet. Alles was zoo oppervlakkig, zoo arm aan zaken, dat den hoorder niets overig bleef dan zich te verbazen over de schaamteloosheid, waarmede men het voordroeg. Slechts een rapport van Roulez over de verwantschap tussen de Basilica der christelijke bouwkunst en die der Ouden maakte eene gunstige uitzondering. Ik bid u: wat zal ik onder dit volk?

* Voor deze lieden ben ik een barbaar, omdat ik voor allen onverstaanbaar ben (Ovid. Trist. V 10, 37).

Maar reeds te lang kwel ik u met mijne jeremiades, zonder te bedenken dat, bij de hartelijke genegenheid waarmede UH.G. mij onafgebroken vereert, iedere klagt, die ik slaak, eene pijnlijke weerklank vindt bij u. Vergun mij echter, thans alles van het hart te wentelen, wat er op drukt. De vacantie is aanstaande. Ik ken uwe gewoonte gedurende dien tijd eene kleine reis te doen: en met uitzondering van Engeland gaat bijna elke reis uit ons vaderland, dat nog niet ten volle gespoorwegd is, over het met ijzer beslagene België. Uw weg voert u misschien naar Antwerpen of naar het centraalpunt Mechelen. Zoo gij ook niets anders doet dan voorbijtrekken, meld mij met een regel, wanneer gij daar zult zijn. Ik heb niets anders noodig, dan u te zien en voor de vele bewijzen van bijna vaderlijke trouw, die gij mij geschonken hebt, de hand te drukken, — zoo gij de mijne niet weigert. Danken en dankbaarheid betoonen, zooals gij dat aan mij verdiend hebt, kan ik u nimmer. Vergun mij, dat ik op een passage van uw schrijven terugkom, welke mij een smartelijken indruk maakte. Gij spreekt van Cobet en de voldoening, die hij u verschaft door de ondervinding, wat het acquiescere* is. Cobet staat in vele opzigten boven mij; maar ik weet, dat ik in uw gunstig oordeel eenmaal tot die uwer leerlingen behoord heb, waarop gij voor de toekomst tekendet. Cobet slechts heeft u niet teleurgesteld; met leedwezen vernam ik den dood van Clarisse, en ik ben erger dan dood. Neen, dat mag ik niet zeggen, zoolang de pligt van dankbaarheid op mij rust. Die pligt legt mij de taak op, voor de wetenschap, voor Hollandsch wetenschap te leven en te arbeiden, en door de eer, welke het mij gegeven zal zijn te verwerven, eenmaal de nagedachtenis van u als mijnen leermeester te heiligen.

* tot rust komen

Godfried Bomans

Nederlanders in Rome

Wat ons bij een vreemd volk allereerst in het oog springt, is maar een klein segment van zijn karakter, namelijk het gedeelte, dat niet met onze eigen aard samenvalt. Het is nuttig, deze eenvoudige waarheid eens te overwegen. Consequent doorgedacht moet zij tot de conclusie leiden, dat de beste waarnemer van deze dunne schijf de man is, die níets van het land weet en bovendien nét is aangekomen. Deze paradox blijkt juist. Als ik mijn eerste verbazing opnieuw wil beleven, haal ik een Hollander van het station af, die van Rome toeten noch blazen weet. Nederig loop ik naast hem voort, want hij is mijn gids. Hij vindt alles 'raar' en daar moet ik het nu net van hebben.

Wat is 'raar'? Raar is al datgene, wat in Bussum níet gebeurt. U kunt zich nu wel voorstellen, wat een rare stad Rome wel is. Direct bij het uitkomen van het station ziet u een balletdanser op een tonnetje staan, die zich als verkeersagent verkleed heeft. Ik was het vergeten, maar híj ziet het. In de bus staat hij op, om een jongedame zijn plaats aan te bieden. Dit wordt niet geaccepteerd. Hij gaat weer zitten, met de ietwat pijnlijke uitdrukking op zijn gezicht van iemand, wiens fijnere gevoelens niet begrepen zijn. Ik fluister hem in 't oor, dat het is opgemerkt en gewaardeerd, maar dat in Rome het besef van een ongekreukte rok meer telt dan het genoegen van een zitplaats. Onberispelijkheid staat hier hoger dan comfort. Maar eerlijk gezegd, ik was het vergeten. Nu weet ik het weer.

Wij stappen uit en komen kinderen tegen. Mijn gids trekt mij aan de mouw en vraagt mij, hoe laat het is. Het is middernacht. Hij kijkt de kinderen verbijsterd aan. 't Is waar, in Bussum gaan ze op tijd naar bed. Hier niet. Hier blijven ze op, tot ze erbij neervallen. Om zich van deze slag te herstellen, bestelt hij nu biefstuk, aardappelen en worteltjes. De kelner verzoekt hem beleefd, dit nog eens te herhalen. Hij zegt het opnieuw, in het wat overdreven Italiaans, dat hij onderweg in een coupé heeft opgezocht. Maar het wordt hem niet verstrekt. Er bestaat in geheel Rome geen biefstuk, noch ook worden er aardappelen gekookt. Het was mij ontgaan. Nu komt het weer terug. Ik ben hem dankbaar. Hij brengt mij in herinnering die allerkostbaarste fase van het vreemdelingenschap: het raar vinden.

Het is de eerste fase. Voor velen is het tevens de laatste. Veel Nederlanders blijven in Rome hun gehele vakantie Nederlander, rondkijkend naar sigaren, speurend naar een stoel, waar je in leunen kunt en in geprikkelde afwachting van de biefstuk, die er níet is. Zij blíjven het een malle beweging vinden. Het is gebruik op zulke Nederlanders enigszins neer te zien. Zij passen zich niet aan. Zij begrijpen het niet. Dit lijkt mij niet juist. Zij begrijpen het zeer wel. Zij doen het alleen niet. Zij blijven Nederlanders, wat niets anders betekent dan dat zij zichzelf blijven. Ik houd hier geen oratio pro domo, want ikzelf doe niets liever dan in een vreemd volk helemaal onderduiken. Ik zie hier alleen geen verdienste in. Veeleer acht ik het een zwakheid. Het is de zwakheid van een kleine natie, die zich in het buitenland niet weet overeind te houden. Het is een tekort aan eigenwijsheid. Sterke naties zijn altijd eigenwijs, ook in den vreemde. Hebt u wel eens bedacht, dat hetzelfde, wat wij die stijve Nederlanders verwijten, door ons heel gewoon wordt gevonden, als wij het bij andere volken waarnemen? Amsterdam wemelt van Chinese eethuizen. Die zijn er niet voor ons. Die zijn er voor de Chinezen, die weigeren biefstuk met gebakken aardappelen en iets toe te eten. Ook zij begrijpen het best. Maar ook zij doen het niet. Als een Italiaan naar Den Haag komt, waar gaat hij dan dineren? In een Italiaans restaurant. Het komt niet in zijn hoofd op, ergens anders heen te gaan. Zo ook de Fransen, de Engelsen en speciaal bij ons, de Indonesiërs. Ook de joden zijn, na het Ghetto, bijeen gebleven en eten rustig hun knoflook door. Goed beschouwd, is dit een bewijs van kracht. Geen persoonlijke kracht. Want geen van hen is sterker dan de Nederlander, die zich in Parijs bij de Franse cuisine heeft neergelegd. Het is eenvoudig de kracht van een grote natie. Wanneer een volk een zekere omvang heeft en daarbij reislustig is, valt de noodzaak van het assimileren weg. Hij vindt overal zijn landgenoten terug en vormt terstond met hen een enclave. Goethe ging in Rome met Duitsers om, Byron met Engelsen. Het gebeurde zelden, dat zij met een Italiaan verkeerden, en wanneer het gebeurde, verstonden zij hem niet.

Wie dit rustig overweegt, ziet ons befaamde talentalent in een ander licht. Niet in het licht ener aangeboren begaafdheid, gelijk veelal wordt aangenomen, maar in dat van een natuurlijke noodzaak. Waren wij een grote natie, dan zouden er in Londen, Parijs en Rome tal van Hollandse eethuisjes verrijzen, waar een krachtige, weldoorvoede Nederlandse kolonie op ongedwongen wijze biefstuk bestelde, om na afloop een sigaar te roken. Wij zouden geen woord Italiaans meer spreken, eenvoudig omdat de dwang daartoe vervallen was. Zie naar de Engelsen en Amerikanen hier in Rome. Spreken zij Italiaans? Geen woord. Zij zijn er te talrijk voor. De Nederlandse kolonie echter is, waar ook ter wereld, te klein om zich zulk een autarkie te veroorloven. Alleen op Java hebben wij een werkelijke kolonie. Geen Nederlander spreekt dan ook Javaans. Hij spreekt Maleis en zoveel als nodig is, om op tijd zijn kop thee te krijgen. In geen ander land kunnen wij ons dit veroorloven. En nu kunnen wij het ook daar niet meer.

Maar Rusland? Behoren de Russen niet tot een grote natie en spreken zij niet uitstekend hun talen? Is dit niet in tegenspraak met de hierboven ontwikkelde these? Het is er een bevestiging van. Rusland is wel een groot land, maar de Russen reizen zelden. Zij worden er alleen uitgegooid. En dit in te geringe mate, om een werkelijke kolonie-vorming mogelijk te maken, tenzij in Brussel of Parijs. Zij spreken daar dan ook slechts Frans, gelijk ik heb mogen vaststellen. Overal elders is het een zeldzaamheid, als men een Rus tegenkomt. Men ontmoet dan een man, die de taal van het land uitstekend beheerst. Geen wonder. Hij moet wel. En wij moeten ook.

Een Nederlander is dus — tenzij hij uit beperktheid of in grootse weerbarstigheid zich als een Bussums eiland weet staande te houden — gedwongen tot capitulatie. Als elke overgave voltrekt ook deze zich in fasen. De eerste beschreven wij reeds. Het is die der verwondering. Dit is eigenlijk al een vorm van overgave. De ideale Nederlander, zo zulk een gigantische verschijning ergens mocht bestaan, weigert ook dit. Hij blijft Nederlander, zonder het tegendeel daarvan zelfs maar *op te merken*. Hij braadt glimlachend zijn biefstukje op zijn hotelkamer, zónder te weten dat hij de enige is. Hiertoe zijn zulke reusachtige zielskrachten nodig, dat wij ons aan ergerlijk chauvinisme zouden schuldig maken, indien wij zijn aanwezigheid ergens op aarde waagden te veronderstellen. Wij mogen slechts hopen. Hij is de cycloop der beperktheid, de reus met het éne oog en dit star op het vaderland gericht. De toerist echter van meer menselijke afmeting treedt na enige weken in de tweede fase. De verwondering blijft, doch zij heeft een ander object. Hij gaat zich over thúis verbazen. Hij gaat vinden, dat de verkeersagenten in Nederland te houterig zijn, dat de kinderen er te vroeg naar bed gaan en dat er te veel aardappelen gegeten worden. Hij wordt overdreven Italiaans. Dit is een kritieke toestand, die somtijds nadert tot de grens van landverraad.

Ik ken die Nederlanders. Zij spreken over het vaderland als over een verloving, die uit is. Zij treden een trattoria binnen, bestellen een bord minestra, kijken in het rond en zeggen: 'Zie je, dat kénnen ze bij ons toch maar niet.' Ja, wat donder, hetzelfde kan een Italiaan in Hecks Lunchroom zeggen. Als ze het 'bij ons' (erger is nog 'daar bij jullie') wél kenden, waren we immers allebei thuis gebleven? Dat het anders zou zijn, was de veronderstelling van alle familieleden, die ons destijds nawuifden. Dat begreep oom Karel nog wel, die anders nooit ergens komt. Oom Karel is nooit in Italië geweest en zal er nooit komen, maar had er toch dít van door, dat het Italië was. Kent u die Nederlanders? Zij lopen op Montmartre rond met een Frans alpinopetje, dat net iets te schuin staat om werkelijk decadent te zijn en in New York kunt u ze kennen aan een overmatig gebruik van kauwgum en die merkwaardige Yankee-swagger, die ruimbenige wie-doet-me-wat-tred, die je heus van thuis moet meekrijgen om er niet als een dronken matroos uit te zien. Te Londen mocht ik in de Garrick-club een Nederlander gadeslaan, die de typische Engelse stilzwijgendheid zo ver had doorgedreven, dat hij bij de overige leden onder de sterke verdenking stond een eenvoudige sufferd te zijn.

In Rome openbaart het zich zo wonderwel op zijn gemak gevoelen zich op verschillende wijzen. Eén daarvan is het plotseling niet meer weten, hoe het in Nederland ook weer zit. Ik heb hier werkelijk een Nederlander ontmoet, die veinsde de waarde van een dubbeltje niet meer te kennen. Ook vroeg hij mij, of de Zuiderzee al dicht was. Bij dat dubbeltje twijfelde ik nog, maar door die Zuiderzee begreep ik, dat hij nog maar kort geleden uit Holland vertrokken was. Want u kunt er staat op maken: het zijn altijd mensen, die nog maar net in Rome zijn, die zo Romeins doen. Als je een Nederlander ontmoet, die geërgerd tegen zijn voorhoofd slaat, omdat hem een Nederlands woord maar niet te binnen wil schieten, geloof dan maar dat hij pas in Rome is. Mensen die jaren in Rome wonen, spreken weer vloeiend Nederlands. 't Is heel gek, maar 't is zo.

Dergelijke verschijnselen dienen met mildheid beoordeeld. Zij kúnnen chronisch worden, doch gewoonlijk is de ziekte van korte duur, een incubatie voor de volgende fase, die de ideale is. Zij kan omschreven worden als de toestand van de vreemdeling, die zich van deze kwaliteit bewust is en zich nochtans thuis gevoelt. Die blij is in Rome te zijn en tegelijk weet, dat hij bij Amsterdam behoort. Die de Sint Pieter kent, zonder de Westertoren te verzaken. Die de

Italiaanse gebeurtenissen op de voet volgt en tevens een trouw abonnee is van zijn Nederlands lijfblad. Die kennis neemt van de voortbrengselen der Italiaanse literatuur en tevens de schrijvers van zijn eigen vaderland in hun ontwikkeling volgt. Hij heeft, als Rome zelf, een dubbel corps diplomatique en leest de bulletins van beide fronten. Hij kent, als Paulus, de trots van het Romeinse burgerschap en weet zich, als Saulus, een zoon van het oude volk.

Zulk een positie is hoogst benijdenswaardig, omdat zij in wezen neerkomt op geestelijke bilocatie. Zij is echter alleen vol te houden, indien men tot het Romeinse leven in een normale werkverhouding staat. Men moet Rome zijdelings bezien, bezig met iets anders, op straffe van vroeg of laat in een kramp-toestand te geraken. Geen mens is opgewassen tegen een aanhoudende staat van directe beschouwing, gelijk ook geen mens is opgewassen tegen een voortdurende verloving. Een toerist is verliefd op Rome, doch verliefdheid gaat voorbij. De man, die er zijn werk heeft, is met Rome getrouwd en geen stad ter wereld kan dit huwelijk ontbinden.

Conrad Busken Huet

Amsterdam

Amsterdam, Junij 1876.

Ik heb het einde van den tocht bereikt. Of ik rouwig ben in mijne kwaliteit van Nederlander, voor Nederlanders schrijvend, bekendheid te mogen onderstellen met zooveel, wat een uitheemsch publiek belang zou inboezemen? Ronduit gesproken, neen. De Franschman, de Italiaan, wanneer hij Nederland bezoekt en zijne reisbeschrijving in het licht geeft, kan zonder onopregtheid als lofredenaar optreden. De landgenoot zou geen vertrouwen inboezemen, zoo hij in den toon der heeren Esquiros of De Amicis verviel. Evenmin kan hij welstaanshalve het over één boeg wenden met den heer Henry Havard, in wiens oogen Nederland bovenal een belangwekkende en schilderachtige uitdragerswinkel is. Van nature panegyrist noch boedelbeschrijver, snoert de piëteit mij den mond.

Een Parijzenaar, die niet lang geleden van den Haag naar Amsterdam spoorde, verkeerde in den waan — zoo langzaam ging het — dat de treinen in Nederland, in plaats van door locomotieven getrokken, worden geduwd door de kondukteurs. Het puf! puf!, hetwelk de reiziger verneemt, achtte hij voortgebracht door de baanwachters.

Dit is geen onaardige karrikatuur. Wie tien of twaalf uren achtereen in een sneltrein heeft gezeten, ontvangt daarna alligt den indruk van een slakkengang; en wordt men in één dag uit het woelige Parijs in het rustig Nederland verplaatst, dan is het werkelijk alsof Havard's *Villes Mortes* niet enkel aan de Zuiderzee, maar ook aan de boorden van Maas en Amstel gelegen zijn. Steden als Dordrecht, als Haarlem, zijn ware kerkhoven. Men vindt er straten en grachten, waar geen menschelijk wezen te zien is; waar het verschijnen van een hond of kat den omvang eener gebeurtenis aanneemt. In België, gelijk in Frankrijk, ziet het spoorweg-materieel er haveloos uit, afgebeuld door veelvuldig gebruik, versleten vóór den tijd. In Nederland niet. Daar blinken de locomotieven en de wagens, alsof zij iederen zaterdag met de glazenspuit werden nagezien. In het goederen-kantoor te Utrecht is het zóó netjes, dat men er zou willen ontbijten van den vloer. Er schijnt in het land niets om te gaan. Men begrijpt niet, hoe de menschen er aan den kost komen. Het is alsof er niet gewerkt wordt. Bij het terugdenken aan het Indisch sloven, houdt men de Nederlandsche maagd voor eene lediggangster; voor eene oude vrouw uit het volk, die met de armen over elkander en een stoof onder de voeten, is ingedommeld bij den smeulenden haard.

Doordat de fabrieksnijverheid geen hoofdfaktor is van 's lands welvaart, vindt de Nederlander buitenshuis niet veel te verdienen. Doch ook in den handel gaat weinig om. De koloniale markt is flaauw gestemd. Bloeijen doet alleen het bankiersbedrijf. De Nederlander is een geboren kleine rentenier, en bij het voortdurend stijgen der prijzen van alle eerste levensbehoeften, is spekuleren in vreemde fondsen zijn eenige kans op lotsverbetering. Er wordt in Nederland veel gedronken, maar nog meer gedobbeld. De millioenen, die voor jenever worden uitgegeven, telt men bij tien-, die welke in den laatsten tijd aan Spanje, aan Noord-Amerika, aan Turkije verloren zijn, bij honderdtallen. De weelde neemt aanhoudend zoo toe, dat in alle standen der maatschappij de menschen zich bekrimpen moeten. Negen tienden der ingezetenen leven boven hunne krachten. De zonen van den middenstand worden opgeleid voor onmogelijke betrekkingen. Trouwen de meisjes, dan weet men niet waarop. De ouders voelen zich de zorgen boven het hoofd wassen. In de huisgezinnen heerscht een materiële geest: niet de opgewekt-materiële, die alle vermogens zich op vermeerdering van rijkdom rigten, en met geestdrift rigten doet, maar zijn wanhopige schaduw, die aan niets anders leert denken dan aan wat men eten of drinken, en waarmede men zich kleeden zal. De reaktie tegen het kerkgeloof in den boezem der beschaafde burgerij heeft niet de vruchten gedragen, die men er van verwacht zou hebben. Voor het prijsgegeven oude geloof is geen nieuw in de plaats gekomen. De kunsten zweven laag bij den grond. De architektuur bevindt zich in handen van bazen. Slechts zeer enkele schilders, onder de ouderen, herhalen zich niet. Velen hebben de bezieling er aan gegeven en werken uitsluitend voor kunstkoopers, op bestelling. De poëzie ligt braak. Onder de jongeren is niemand die een leesbaar vers kan schrijven. Hunne romans en hunne novellen zijn scheef gevoeld, flaauw gedacht, en stijlloos. De maandwerken hebben een graad van onbeduidendheid bereikt, waarbij de middelmatigheid gunstig afsteekt. Van het tooneel kan men zingen: 'Hier heeft het ploertendom zijn zetel opgeslagen.' De kanselwelsprekendheid is zoek. De Handelingen van de Staten Generaal leggen getuigenis af van het peil, waartoe de parlementaire gedaald is. De dag- en de weekbladen storten over het land een donkeren tijdstroom van niet onder woorden te brengen verveling uit, en men moet zich met beide handen het hoofd vasthouden om er aandachtig bij te blijven. Gelijk van zelf spreekt, kan men bij de terugkomst in het moederland zich niet aanstonds rekenschap geven van de bestanddeelen, waaruit de gewaarwording, die men ondervindt, is zamengesteld en zielkundig zich verklaren laat. Dat inzigt komt eerst later, wanneer de aandoeningen, opgewekt door het omhelzen van dierbare bloedverwanten, het missen of het wederzien van lieve vrienden, zijn gaan liggen. In het begin onderscheidt men niet. Men wordt alleen getroffen door de schrille tegenstelling van zooveel geestelijke armoede bij zoo veel schijn van stoffelijke welvaart. Saai is het vaderlandsch woord, dat best van al den hoofdinhoud der eerste indrukken teruggeeft. Het uitheemsche: ridikuul.

En toch, hoe schoon is het landschap! Waar vindt men zulke luchten, zulke weiden, zulke heiden, zulke duinen en bosschen, zulke rivier-en zulke zeegezigten, zulk eene afwisseling van kleuren en van licht-effekten? Waar ook ontmoet men, zoodra er sympathie bestaat, hartelijker en beminlijker menschen? Ik herinner mij eene opkomende volle maan aan den Maaskant, terwijl de huizen en hunne lichtjes aan de overzijde, waar de vriendschap de tafel dekte, zich weerspiegelden in den stroom. De Golf van Napels is grootscher, maar niet bekoorlijker. En die wandeling door de Kennemerlandsche dreven, met hare eiken- en hare beukenlanen, haar lusthoven, haar in zee wegduikende zonneschijf, bespied van den top der zandige heuvels! Het Lago Maggiore en het Vierwaldstätter-meer overtreffen ze, maar dooden ze niet. En die rid door de straten en langs de grachten van Oud-Amsterdam! Rome en Florence hebben niets eigenaardigers aan te wijzen. En die blik in het Haagsche Bosch, waar de beukentakken afhangen in den Vijver! En dat nederzien van de Arnhemsche heuvelen, op den Rijn en de vlakte vóór, op de Sonsbeeksche glooijingen achter! Het Bosch van Boulogne haalt er niet bij, en het park van Saint Cloud wint het alleen door zijn omvang. Dat Nederland een van de schoonste landen der wereld is, ik heb het dikwijls gezegd; maar zoo diep als nu, heb ik het nooit gevoeld.

Te Amsterdam trof ik het dat, in het Oûmanhuis, de tentoonstelling van stedelijke oudheden en kuriositeiten juist in vollen gang was. Haar keurige inrigting, waar Alberdingk Thijm eer van heeft, troostte van het vernederend gevoel, dat bij het terugzien van het Trippenhuis mij aangreep. Wie pas den Louvre en de kroon, dáár aan de Nederlandsche kunst opgezet, aanschouwde, zou ligt bij het binnentreden van het Amsterdamsch Rijks-Muzeum zich uitdrukkingen laten ontvallen, die het beter is niet op het papier te stellen. Er is een nieuw Rijks-Muzeum in aantogt, en men moet hopen dat de weergalooze verzameling er op waardiger wijze geherbergd zal worden. Het komt te staan in de nieuwe wijk; dezelfde waartoe het Paleis van Volksvlijt en het Vondelpark behooren. De bouwerij in die buurt is anders niet veel zaaks. In Den Haag, te Haarlem, te Rotterdam, te Arnhem, wordt beter gebouwd dan te Amsterdam. De nieuwe straten dragen er oud-Nederlandsche namen, maar het metselwerk is van één dag. Ik heb eene Jacob van Campenstraat gezien, die zich geluk mag wenschen, dat Jacob van Campen niet meer onder de levenden behoort. De straat, die den naam van den schrijver der *Nederlandsche Historien* voert, wordt gemakshalve Peeceehooftstraat genoemd. De Spinozastraat is op het punt, in Spinazie-straat te worden herdoopt. In het Vondelpark is een Vondels-Bier-huis verrezen. Over het algemeen draagt de nieuwe wijk een bierhuisachtig voorkomen, en men moet een geboren Amsterdammer zijn, om haar met welgevallen aan vreemden te kunnen wijzen. In het oude gedeelte der stad worden een aantal hooge bruggen door moderne lage vervangen; een aantal achtergrachten zien zich door dempen in straten veranderen.

Het karakter der stad gaat daardoor verloren, ook aan den IJkant, waar een spoorwegstation reeds op dit oogenblik bezig is, het pittoreske mastbosch te verdringen. Tot hiertoe is aan die zijde niets nieuws verrezen, wat schadeloos stelt voor het verlies van het vroegere.

Napels, Rome, Florence, Milaan, Parijs — vooral Parijs — worden herbouwd of uitgebreid op zoo reusachtige schaal en met aanwending, indien niet van zooveel kunst of smaak, dan toch van zooveel goeden wil om door kunstige navolging het gebrek aan oorspronkelijkheid te doen vergeten, dat men in verzoeking komt, over de kleingeestigheid en schrielheid der moderne bastaard-architektuur in Nederland de schouders op te halen. De tijd is voorbij, dat Nederlandsche afgunst reden had, de pracht van Indische villa's in pas aangelegde Willemsparken met bewondering aan te staren. Vermogende Indische familien, die zich te Parijs gevestigd hebben, vinden dat men zich in Nederland met tweedehandsche weelde behelpt. Wisten zij op welken voet vermogende Engelschen in Italië leven, zij zouden nog anders spreken.

Oude vaderlandsche kunst zal steeds eene der voorname zaken blijven, waardoor Nederland uitmunt; en de meeste liefde gevoelt men voor steden, waar die overlevering in eere wordt gehouden. Rotterdam en zijn Muzeum Boymans, Den Haag en zijn Mauritshuis, Haarlem met zijne Frans Hals-Galerij en zijne teekeningen in de portefeuilles van Teyler, wekken in dat opzigt méér sympathie dan de hoofdstad, waar, onder de muzeums, het kleine van Fodor het eenige toonbare is. In een stadsmuzeum te Dordrecht werd mijne aandacht getrokken door een treffend marmerwerk: de buste van een der gebroeders De Witt. Dordrecht en Haarlem zijn overigens teregt vermaard om de vele midden-eeuwsche gevels en geveltjes, die men er aantreft. Te Haarlem zijn zij in zulk een overvloed voorhanden, dat men zonder moeite het huis terugvindt, waar de vaderen van Kenau Hasselaar's echtgenoot het bedrijf van scheepstimmerman moeten uitgeoefend hebben. Onder de Dordrechtsche, verhaalde men mij, is er een, waarvan eene Russische dame, heel uit Petersburg of Moskou, eene afbeelding heeft ontboden.

Specialiteit van het Nederland onzer dagen zijn zijne ijzeren bruggen: de Westervoortsche, de Kuilenburgsche, de Hedelsche, de Bommelsche, de Dordrechtsche, de Fijenoordsche tegenover Rotterdam, bovenal de Moerdijksche over het Hollandsch Diep. Deskundigen mogen beoordelen, of het aanleggen dezer spoorwegwonderen moeijelijker is geweest, dan het bouwen van andere, elders. Ik weet alleen dat zij sterker op de verbeelding werken. Bij het overrijden der Moerdijksche brug ontvangt men den indruk van iets fabelachtigs. Karakteristiek is het, dat de partikuliere ondernemingsgeest in Nederland geen van deze groote werken heeft aangedurfd. De Staat is tusschenbeiden moeten komen, en zij werden betaald uit de Indische overschotten. De vrije gemeenschap met het Europeesche spoorwegnet is er voor het eerst door verzekerd.

Meer dan één reis- en lotgenoot, kort vóór of kort na mij uit Indië gekomen, hoorde ik eene levendige ingenomenheid met die kostelijke bruggen betuigen. Het geeft hun een gevoel van gerustheid, zeiden zij, de wetenschap te bezitten, dat zij thans uit alle punten van Europa, in alle jaargetijden, regtstreeks het moederland bereiken kunnen. En tegelijk een gevoel van veiligheid en verademing, ieder oogenblik in alle rigtingen weder te kunnen vertrekken. Mij heeft dit niet zoo zeer getroffen. Voor het opkomend geslacht, wel is waar, opent Nederland geen zeer uitlokkenden gezigteinder; doch in de steden en op het land zijn er mij plekjes bekend, waar de voorspoedige van leeftijd wenschen moet, liever dan ergens elders zijne nadagen te mogen slijten.

Louis Couperus

De terugkeer

Het zijn wel de vreemdste, ongekende tijden, die wij beleven, niet alleen voor de Wereld en haar fellen brand, niet alleen voor Europa, niet alleen voor den Oorlog, ook voor en om ons nietige zelf. Neen, men kent zich nooit. Wie mij meer dan zeven maanden geleden voorspeld zoû hebben wat ik zoû ondervinden, wat ik zoû gevoelen, doorvoelen na de eerste Augustusdagen, zoû ik hebben uit gelachen. En mijn lach zoû bewezen hebben, dat er mijzelf onbekende kiemen in mij sluimerden of waren verstikt.

Vaderlandsliefde... hoe vaak heb ik niet met een mijzelf verontschuldigenden glimlach daar ginds, gezegd, dat ik die stelde in mijn taal. Hoe vaak heb ik niet gezegd, maar ook gemeend, dat ik mijn vaderlandsliefde alléén stelde in mijn taal. Mijn taal, die ik immers lief had en schoon vond boven alle andere talen. Mijn taal, wier rijkdom mij troostte voor de armoede mijner ándere vaderlandsche gevoelens. Zoo zeide ik het en zoo meende ik het te zijn.

Als men één donderslag, die de wereld ontzette en den hemel deed beven, brak uit de krankzinnigheid van den oorlog. Een roode gloed laaide over de aarde, een roode gloed waaide door den geest der verdwaasde Menschheid. En van alle oorden vloden de verspreide enkelingen, die gemeend hadden wereldlingen te zijn terug naar de landen hunner geboorte, om socialen plicht maar ook om veiligheid, maar ook om individueel gevoel.

Ik talmde. Ik was die dagen in het van alle zijden bedrongene

Duitschland, in het tragiesche, heroïsche Duitschland en ik zag er schoone dingen. Ik genoot die schoone dingen, zoo als ik een zonsondergang geniet, of een schilderij, of een boek. Niet anders. Wie zich der Schoonheid gewijd heeft, blijft haar priester, ook tijdens de gruwlijkste cataclysmen. Die wijding geeft een krácht, ook als de aarde beeft onder de voeten, ook als de hemel splijt boven ons hoofd. Ik voelde mij, om mijn schoonheidswijding, krachtig en bijna koel. Aan de gewone dingen des dagelijkschen levens dacht ik weinig. Ik bestormde geene bank om geld, ik dacht niet er over om terug te trekken naar Holland, waaruit ik mijzelven verbannen had. Ik was, om mijn kracht, niet bang. Bangheid is niet mijn aard, al heb ik schertsend wel het tegendeel kunnen beweren... Ik heb die dagen om mij geblikt en af gewacht. Ja, ik zag de schoone dingen. Ik genoot de grootsche, heroïsche, epische gevoelens van anderen. Van Duitschers. En ikzelve bleef koel. En krachtig.

Waarom zoû ik naar Holland terug zijn gekeerd? Was mijn leven niet gewend van Holland af? Wachtte mij niet spoedig het tweede vaderland, het Latijnsche vaderland, het Zuidelijke vaderland, het land níet van mijn wieg, níet van mijn taal, maar het land van mijn ziel en mijn liefde? Ik ging er heen, als altijd. Ik leefde er voort, in mijn eeuwigen schoonheidsdroom, ik dacht er gelukkig te zullen zijn, als steeds...

Toen...

Toen is het gebeurd. Toen is het gekomen. Toen is het ontkiemd.

Het nieuwe, vreemde gevoel, mij onbewust. Het gevoel, dat steeds in mij nog scheen ná te kiemen hoe het ook scheen verstikt door duizend andere gevoelens. Met verbazing heb ik het aan geschouwd. In het leêge veld mijner ziel zag mijne zich zelve verbazende melancholie het uitspruiten uit een wijde dorheid, die de Vertwijfeling was om Wereld en Menschheid. In het leêge veld hief het nieuwe, vreemde gevoel zijn weeke stengeltje op als een sneeuwkloksteeltje uit sneeuw. Ik zag het aan, mij áf vragende wat het beduidde. Wat het bedoelde. Wat het wilde...

Het schoot hooger en hooger op. En op eens heb ik geweten wát het eigenlijk was. Het was het Heimwee naar het Eigen Land. Het was de Liefde voor het Eigen Land. En het was zoo vreemd, zoo zonderling vreemd, zoo verbijsterend vreemd, dat ik er om heb geweend, toen ik het herkende, zoo zwak, zoo broos, zoo verlaten, zoo treurig, rillende ontkiemend in dat leêge, dorre veld.

Met argwaan heb ik het daarna bespied. Ik heb het de namen gegeven van onkruid, van kruidje-van-ziekelijkheid, van kruidje-van-sentimentalisme. Ik ben er zoo dikwijls lángs gegaan, vol mistrouwen, met een lachje en wat zelfspot. Ik stelde immers mijn vaderlandsliefde alléén in mijn schoone taal!

Maar het brooze stengeltje, het werd een bosch: een bosch van Heimwee en Liefde. Een bosch in de leêge dorte van mijn zieleveld, een bosch in wier weemoedige schaduwen ik verdwaalde. Een vreemd, omtooverd bosch, een spookbosch, dat overschimde mijn dwalingen langs Arno en grauwe, Florentijnsche straten. Door de anders zoo intense betoovering der Italiaansche stad, betooverde sterker de zoo nieuwe nostalgie, die af droop uit de donkere dommen van het Bosch van Heimwee...

Het mengde zich met de stad. Florence was niet meer alleen. Er was een dubbelbeeld om mij heen, welks vormen weefden door elkaâr: de Stad en het Bosch. De Werkelijkheid en de vreemde Onwerkelijkheid. Het verkregene en het verlangde. Want ik verlangde. Want ik verlangde. Ik verlángde, naar mijn Land.

Toen heb ik geweten, o Holland, dat ik u tóch lief had, heel diep in mijn ziel, trots wat gij mij eenmaal deedt lijden.

Ik aanvaardde plotseling de reis. Het was een niet meer weêrstaanbare drang, die mij drong. Het was als een suggestie van Holland af. En nu ben ik tusschen u allen, zonder een maand geleden geweten te hebben, dat dit zoo zoû zijn.

Ik geloof, dat ik gelukkig ben hier te zijn. O, ik geloof niet, dat het de 'veiligheid' was, die mij tot u aantrok, terwijl misschien Italië, aan den vooravond van oorlog of revolutie, zoo niet 'onveilig' toch minstens *unheimisch* den vreemdeling werd. Het was méér dit aantrekkend idee, dat, zóo mijn land betrokken werd in het wereldconflict, ik hier met u allen zoû zijn. Het is meer om díe zekerheid, dat, zoo de groote, roode gloed ook waait over dit kleine land, ik hier zijn zal, waar ik werd geboren. Niet dadelijk heb ik dit zoo gevoeld. Eerst langzamerhand is het mij duidelijk geworden, dat ik het innig wenschte.

Op een kouden avond ben ik hier, in deze stad, terug gekomen. Zij was mij zoo bekend geweest en bijna onbekend geworden, en niemand van verwanten of vrienden wist, dat ik hier kwam. Door de beslagen ruitjes van het rijtuig geerden de vreemd gewordene straten mij langs. Uit de vensters van mijne hooge hôtelkamer zag ik die nacht het grijze, overregende dakengewarrel. Het vertoon hier en daar de bekende torens en spitsen en in de verte ried ik een nieuwe silhouet van gebouw, karakterloos, zwak en toch overheerscherig laatdunkend: die van het Vredespaleis.

Den volgenden morgen joeg een sneeuwstorm over dat zelfde wég verschietende stadsgezicht en het was luguber van Noordsche melancholie, maar ik vond het góed en was tevreden en verlangde niet anders.

Thans ben ik in het oude huis. Het is niet een ouderlijk huis maar het is het bijna. Wat zal ik u zeggen, o lezer: als men de jongst geborene is van véle broeders en zusters, blijft men altijd... de jongste. Wij zijn geen van allen meer jong; ik, helaas ook niet; de nieuwe geslachten spruiten welig rond ons op maar tóch, ik *blijf* de jongste van mijn broeders en zusters. Ik zal die altijd blijven. En in het oude huis, waar ik thans leef, was men bezórgd, werkelijk bezorgd voor den jongen broêr, ik meen voor den jongsten broêr. Hij was, wel is waar, meer dan meerderjarig; hij had, wel is waar, een paar jaren geleden een gouden feest gevierd: het deed er niet toe. Het scheen wel, dat hij, de jongste, daar in den vreemde, niet goed voor zich zorgen kon. Dat alle oorlogsgevaren er hem dreigden. En de vreugde om zijn onverwachte terugkeer was groot. Hij werd binnen gehaald als een verloren zoon, ik meen als een verloren broêr. Een broêr, die altijd anders doet dan een andere broêr: een broêr, die na tien jaren afwezigheid, niets meldt van zijn plotsen terugkeer en alleen maar den chasseur zendt met een briefje, waarop: mag ik komen koffie-drinken...?

Hij kwam koffie-drinken, de verloren broêr. Hij kwam zelfs meer dan dat: het halve huis, het halve oude huis werd voor hem open gesteld, gastvrij en warm... Hoe vreemd is het oude huis. Het rijst daar op den hoek van twee oude straten der oude stad en bergt jaren lang reeds de inwoners, die steeds versmaadden de ruimere voornaamheid der nieuwe, banale wijken. Het huis, het oude huis is zéér Hollandsch. Het is oud Hollandsch en in zijn wat donkere kamers weeft de stemming reeds jaren en jaren lang dat onzichtbare, dat onzegbare maar zoo voelbare, dat niet is van geen nieuw huis. De gang is lang en smal en verschiet naar een geheimzinnige deur, die toegang geeft tot een geheimzinnig wenteltrapje... De groote salon, huiskamer, kantoor behielden jarenlang het binnenhuiselijke der ruime vertrekken van oud-Hollandsch interieur. De menschen, die hier wonen, zijn steeds moderne menschen geweest, zijn moderne menschen gegroeid maar om hunne levens is blijven weven de 'stemming', de onverstoorbare 'stemming', die in een ander, moderner huis uitgewischt zoû zijn als een rag, fijner en ijler dan spinneweb, inniger dan geheimzinnigheid, intimer dan alléén gordijngezeef of lampeschemer in ieder huis gewild intimiteit kunnen verwekken. Wat hier in het oude huis zich weeft, behoort bij het oude huis zélve, is de atmosfeer der jaren en de bewoners hebben het niet verstoord. Toch was het leven druk binnen deze muren. Het was niet mijmeren en droomen: het was arbeiden des geestes, het was volop meê leven met het moderne leven. Ik heb het huis in vroegere, jongere jaren gekend als het blijde huis, vól feest, vol vreugd, vol drukke wereldschheid. Er is geweest in het huis verdriet en vreugd: de kinderen zijn er groot geworden, de groote kinderen hebben het huis verlaten, bijna allen, en de ouders zijn er achter gebleven, niet geheel eenzaam maar toch, onvermijdelijk, in den weemoed der látere jaren, die altijd der weemoed zijn. Maar wát er ook gebeurd in het huis is, feest, vreugde, zorg, verdriet, wat er ook gegaan is en uit gewischt, de vreemde 'stemming' is altijd gebleven, als bezonken, zelfs díeper bezonken. Zij zal blijven, zoo lang bestaan zal het huis. Zij zweeft met ons mede langs de nauwe, eiken trap naar de bovenverdieping, en zij schemert in den ingesloten tuin, dien een hooge kerkmuur, waarover een vlucht van spreeuwen, af sluit, kloosterachtige binnenhof... Boven behielden ook de vele slaapvertrekken, waar het veelvoudige leven der kinderen eens juichte en jubelde vol groeiensdrang, de vreemde, onzegbare, onverstoorbare 'stemming'. Jaren lang heb ik het huis zoo gekend. Jaren lang heeft mij geïmpressioneerd de ruime, ouderwetsche zolder, het vreemde opkamertje, onder het vreemde opkamertje het niet minder vreemde benedenkamertje, de curieuze, geheimzinnige hoekjes en hokjes, die ik nóg alle niet ken. Ik hoû van zulke huizen. Ik waardeer wel de gladde geriefelijkheid van een modern, nieuw gebouwd huis maar eigenlijk waardeer ik meer een huis, waar het Verleden is blijven hangen in schaduwen en in schemer. In zulk een huis — het was een adellijk paleis — woonde ik in Florence. In zulk een huis — het is een heel oud en ouderwetsch heerenhuis — woon ik thans. De warmte van familieliefde is om mij heen. Jaren lang heb ik die gemist. Daar ginds was ik alleen, zoo niet de groote vriendschap mij er omringde. Die groote vriendschap gaf mij zeker ook de zelfde warmte, die 'familiewarmte' in houdt, in ruime, milde, edelmoedige mate. Misschien daarom miste ik, egoïst, want toch behagelijk gekoesterd, niet altijd de liefde van bloedverwantschap. Vriendschap vergoedde die rijkelijk.

Dit jaar was het eenzaam om mij heen, in het land der zon, waar de zon niet altijd schijnt... Dit jaar, dat het Bosch van Heimwee gewassen was om winterig, mistig Florence, bleef de gegane vriendschap zoo ver, aan de andere zijde der oceaan, waarover de oorlog woedt. Dit jaar, misschien voor het eerst, heb ik mij vreemdeling en verlaten gevoeld in Italië. Het was of Italië, dat ik lief had, mij niet lief had. Het was of Florence, dat ik in woorden steeds zóo schoon gezegd had als een verliefde jongeling zijne eerste liefde zegt, mij niet terug gaf wat ik haar steeds had gegeven...

Ik heb mij vol treurigheid gevoeld, vol heimwee en ik wist, dat ik een nieuw gevoel in mij bewust werd. Neen, geen nieuw gevoel.

Een gevoel, steeds daar geweest maar verstikt. Een gevoel, dat van brooze bloem bósch was gewoekerd. Een gevoel, dat wij noemen met een zwaar, heroïesch, epiesch woord: Vaderlandsliefde. Ik vind het geen mooi woord. Ik vind het een woord voor een held, die pozeert. Ik ben geen held en ik pozeer niet maar ik vind toch niet, waarom weet ik niet, een ánder woord voor mijn gevoel. Ik zoek er ook niet naar. Het kan mij niet schelen een ander woord, fijner van klank, voor mijn gevoel te vinden. Ik zal het maar doen met het een beetje zware, plompe woord. Want eigenlijk, al voldoet mij het woord niet, is het tóch dát...

Het is heel vreemd, maar deze zijn de vreemdste, ongekende tijden, die wij beleven: wij ontdekken ons aan onszelve.

Ik ben een beetje verward, een beetje verbaasd mijzelven zóo te ontdekken.

Maar hoe ik dan ook ben, ik ben gelukkig in Holland te zijn, in het oude huis, in de warmte der naar mij toe komende liefde.

En mocht morgen over ons dierbaar kleine land waaien de roode gloed, zoo zal ik, nutteloozе zegger van het nuttelooze woord, dat mijn éenige arme-rijkdom is en al heel weinig u baten zal in de ure des gevaars, toch gelukkig zijn mede met u te kunnen voelen niet meer ver van u, maar midden tusschen u allen.

LOUIS COUPERUS

Wonen in het buitenland

Indische vrienden, die wij in tien jaren niet hebben gezien, zijn, over Genua, bij ons in Nice gekomen: hij is assistent-rezident geweest, maar nu gepensionneerd, nog jong, omdat zijne gezondheid hem niet meer toe liet te leven in een tropiesch klimaat: zij is een mooi, elegant vrouwtje, wie je niet zoû aanzien, dat zij moeder is van haar twee kinderen: een groote kerel van achttien, en een blond meisken van zestien: niet iedere Hollandsch-Indische vrouw is oud voor zij de veertig bereikt heeft.

'Nu moet je mij toch eens raad geven!' zegt mijn Indische vriend, de ex-assistent-rezident. 'Ik weet niet wat ik doen moet. Moet ik naar Holland gaan? Of moet ik hier blijven wonen, in Nice, waar mij het klimaat goed bevalt... Ik weet het niet. Mijn sympathieën zijn, geloof ik, meer buitenlandsch... Geef mij raad. Je hebt gereisd, je woont tien jaren in het buitenland, en je bent een serieus mensch...'

Nu, dat laatste is ook maar betrekkelijk! Mijn goede, beste Indische vriend vraagt mij raad, omdat hij mij serieus vindt: hij neemt mij au serieux!! Een verantwoordelijkheid zinkt op mijn schouders, een zwaar gewicht gelijk! Bijna zoû ik maar op de wijze der Franschen (die nóóit raad geven, en altijd bij zich denken, zoo ge, naïef, hun raad vraagt: débrouille-toi!) mij er met een luchtig woord van af willen maken, maar ik zie zijn ernstige oogen de mijne zoeken, ik zie, dat hij waarlijk meent in mij een competent vriend te hebben aan getroffen en ik ben zoo weinig Fransch, en ik kan mij heel moeilijk onttrekken aan een gevraagden dienst, vooral als die dienst niet meer zoû zijn dan een opinie te zeggen, een raad te geven: twee dingen, die de Franschman heel zelden doet. Alleen moet ik mij even verdedigen en antwoord dus:

'Beste vriend, ik zal doen wat ik kan en naar mijn beste weten je raden, maar meen niet, dat ik een serieus mensch ben. Je hebt me in zoo veel jaren niet gezien: ik was vroeger meer serieus dan nu. Ik bén niet meer serieus en ik neem het leven niet meer au serieux. Ik ben erg wuft, en daarbij oppervlakkig, en ik geloof, dat ik een heel kinderlijke natuur heb...'

Ik zie de oogen van mijn Indischen vriend heel groot worden, vol verbazing, maar meêdoogenloos ga ik voort:

'Ik wil je dus waarschuwen, dat ik absoluut niet serieus ben, en dat ik je mijn raad geef, voor wat die waard zal zijn: sla hem in den wind, zoo je wilt, en ik zal er je niet om toornen. Maar laat mij nu niet meer uitweiden over mijn eigen heel weinig serieuze natuur, en je liever, niet serieus, gaan raden... Zoû je heusch op dien raad prijs stellen?'

'Zeer zeker, beste kerel,' antwoordt serieuzer dan serieus mijn Indische vriend, de ex-assistent-rezident, en ik hoor een overtuigende diepte in zijn stem, als of hij mij vooral wil doen voelen, dat hij die kinderlijkheid van mij *niet* au serieux neemt.

'Hoor dan toe!' steek ik van wal. 'Je zegt, dat je buitenlandsche sympathieën hebt, nu je wikt en weegt waar je te vestigen, en ik hoor in den klank van je stem, dat je mij, wien je raad vraagt, het wilt geven in den mond om te zeggen: maar kerel, blijf toch te Nice wonen, én voor het klimaat, én voor het meerdere intense kosmopolitische leven... Is dat zoo niet?'

'Je bent wel een klein beetje psycholoog nog gebleven, niettegenstaande de verandering, die je karakter onderging,' antwoordt de vriend.

'Welnu,' antwoord ik: dan moet ik je zeker zeer te leur stellen, want ik kan je niet anders raden: blijf hier den winter uit en vestig met den zomer je ergens in Holland, ik zoû zeggen in Den Haag.'

‘Maar waarom??’ roept in verbazing de vriend; ‘als jijzelfe niet meer naar Holland terug gaat!’

‘Om verschillende redenen...’ zeg ik, en ik betrap mij er op, dat de klank van mijn stem heel ernstig is geworden, daar ik mijn braven vriend weêrhouden wil een dwaasheid te doen. ‘Om verschillende redenen,’ herhaal ik. ‘Geloof niet, dat *ik*, omdat ik nu eenmaal niet in mijn vaderland woon, en zelfs den zomer liever in Italië doorbreng dan in Holland, het goede van mijn land en mijn volk niet zoû inzien. En laten wij vooral niet spreken over mij, maar over jou, en je vrouw en je kinderen. Zie eens, jullie zijn écht Hollandsche menschen, en maar een heel klein beetje Indiesch geworden, niet meer dan onvermijdelijk is na een langdurig verblijf in onze koloniën. Ik beschouw jullie als ècht Hollandsche menschen, en die raad ik af zich elders te vestigen dan in Holland. Het klimaat daar ginds... je zal er aan wennen na een paar vlaagjes van influenza en meer of minder serieuze verkoudheden. En, eenmaal gewend, zal het leven in Holland tusschen Hollanders, je meer bevallen dan het leven in Nice, tusschen kosmopolieten. Holland heeft heel veel goeds. Laat ons blijven bij Den Haag, de eenige Hollandsche stad, die ik eigenlijk goed ken. Den Haag heeft heel veel goeds... Of zoû het veranderd zijn in de tien jaren, dat ik niet meer woon in Den Haag! Ik kan het niet gelooven. Laat in allen gevalle mijn tien-jarige buitenlandsche ondervinding je weêrhouden, echten Hollander, je ergens anders te vestigen, dan in Holland. Je hebt in Holland dadelijk enkele familieleden en kennissen. Dat is een kring. Een Hollander-Indieschman houdt van een kring. Hier zoû je moeilijk een kring vinden, ten minste geen “gezelligen” kring. “Gezelligheid”, Hollandsche “gezelligheid” bestaat hier niet. Ik, voor mij, mis ze niet, omdat ik zoo veel andere dingen heb. Ik verlang geen Hollandsche “gezelligheid”. Jij zoû er naar verlangen, en ze missen. Je zoû je hier verloren voelen. Wel, je zoû lid kunnen worden van een Cercle. Als je daar niet min of meer grof speelt... verveel je je. Word liever lid van de Witte in Den Haag en tref er ’s middags je kennissen. Je vrouw... ze zoû, charmant en decoratief als ze is, oogenblikkelijk tien, twintig jours op haar opschrijfboekje hebben om af te loopen, maar het zoû haar niet amuzeren. En je arme kinderen! Een jongen van achttien jaar, die beslist roeping heeft voor muziek, en al een jong artiest op zijn viool is! En een meisken van zestien jaar! Ik beklaag je kinderen, als je je hier vestigt, vriend. Neen, vestig je in Holland. Holland heeft veel goeds... voor Hollanders. De Hollander is een brave, eerlijke, ruim om zich heen ziende vent. Er is iets wijds en royaals in zijn blik: laat ons zeggen, dat het komt van zijn platte land. De Franschman is klein, peuterig en petieterig, in alles wat hij denkt of doet. Ik zoû bijna zeggen, de Franschman is... burgerlijk, burgerlijk van kleinheid. Een Hollander kán burgerlijk zijn, maar is het niet per se. Hij is dikwijls plomp en zelden elegant, maar hij is ook dikwijls ruim van blik, breed van gebaar en royaal van opvatting. En voor jou, die niettegenstaande je ambtenaar bent, artistieke behoeften hebt, aan litteratuur en muziek, voeg ik er bij: hij is dikwijls artistiek, meer dan de Franschman is. We generalizeeren, niet waar; dat is altijd een beetje gevaarlijk. Ik ben overtuigd, dat je me in eens tien artistieke Franschen zoû kunnen opnoemen, die niet al te petieterig voelen en zien, en ik maar zes artistieke en ruim om zich blikkende Hollanders... Maar bedenk, dat tien weinig is en zes veel, relatief. Wij zijn een héél klein volkje, maar lang niet te verwerpen. Wij hebben altijd veel groote en mooie dingen gedaan, meer dan andere kleine volkjes. Amice, word geen kosmopoliet. Het zoû je niet bevallen. Ik? Ik ben het niet. Ik ben — bijna — een Italiaan. Ik word nooit een Franschman. Maar een kosmopoliet word ik ook niet. Maar we spreken over jou, en die je lief zijn. Welnu, jij, je zoû je heel verloren voelen en moeilijk kennissen maken, die je sympathiek zouden zijn. Je vrouw... zoû zich verlaten voelen, ook met haar twintig af te loopen jours. Je vrouw houdt van wat wij "uitgaan" noemen: zij is heel jong en heel levenslustig. Welnu, hier in Nice... wordt niet "uitgegaan" in Hollansch-Indischen zin. Zeker, je kan gaan naar de komedie, en je kan gaan naar de twintig jours. Dat is alles — een paar bals niet meêgerekend. De "uitgaande wereld" dunkt mij, als mijn souvenirs mij niet bedriegen, in Den Haag veel "gezelliger". Meer of minder luxueuze, maar steeds "gezellige" — want ze hóeven niet stijf te zijn — diners, als de Hollander geeft, geeft de Franschman nóóit, want ze zijn hem te duur, zelfs al is hij gefortuneerd. Een Franschman is zuinig, en een Fransche vrouw — als het iets anders dan haar toilet geldt — gierig. Ik generalizeer... Maar om tot de diners terug te komen, een Hollander, zelfs niet gefortuneerd, geeft naar zijn middelen heel gauw een "dinertje". Ziet zijn kennissen heel gauw bij zich aan tafel. Een Franschman *nooit*, als hij er geen geheim doel meê heeft. Als het niet "utile" voor iets is. Een Franschman doet nooit iets of het moet "utile" zijn. Je vrouw zoû dinertjes, de Hollandsche, missen, om ze te geven en er heen te gaan. Wel, zij zoû haar jour hier hebben, en die zoû haar veel goedkooper kosten dan een "dinertje". Met een pakje thee van drie francs en wat koekjes voor — ik taxeer ruim — vijf francs, komt ze een heel eind. Ik reken drie franc-vijftig er bij voor bloemen. En ze heeft een prachtigen jour, dien ze zelfs voor één franc-vijftig kan laten vermelden in den Petit-Niçois of den Eclaireur: Madame Une-telle recevait dans ses salons, brillammant éclairés etc. etc... Ze maakt dat berichtje zelfe op, beschrijft haar toilet en geeft de lijst van haar gasten. Nu, een "dinertje" heeft ze niet voor dertien francs. Het kost haar misschien in Den Haag heel gauw honderd gulden, met een páár "gezellige" gasten maar. Maar zij zoû het er voor over hebben, omdat zij een Hollandsche en geen Fransche vrouw is, en niet alles, wat zij heeft, aan "haar lijf hangt": vergeef mij de vulgaire maar teekenende expressie. Een Fransche vrouw geeft een jour van dertien francs en zet een hoed op, die twee-honderd franc kost: een Hollandsche vrouw zet een hoed op van twintig gulden en geeft een diner van bij de honderd: reken ik erg slecht, of geven ze allebei zoo wat even veel uit?

Geloof mij, je vrouw zoû zich hier in Nice vervelen. Jullie houden allen véél van muziek, zijn allen muzikaal. Maar er *is* hier geen muziek. Er is een midiocre Opera en er zijn aardige concerten soms in de Jetée, met "selections" van... opera-muziek, als daar zijn de Huguenots en de Trouvère. Dat is *alles* hoor, wat de muziek in Nice aangaat. In Monte-Carlo is er véél meer — de Prins doet veel voor zijn opera, — maar dan moet je ook telkens naar Monte-Carlo gaan: gauw dineeren, sporen, om twee uur 's nachts ben je thuis. De plaatsen kosten twintig francs. Wel, ik geloof, dat het muzikale leven in Den Haag je véél meer bevallen zal. Ik ben lang weg uit Holland, maar is het er op verminderd? Ik geloof het niet. Hier, in Nice, zijn wij *nooit* op de hoogte. De "Veuve Joyeuse" wordt *eindelijk* eens gegeven als het vogue-prulletje elders overal al is afgetjengeld. Het doet er niet toe, of het een prulletje is: ik had het wel eerder willen zien, dan dezen winter. Een mensch is nu eenmaal een ijdel dier en wil op de "hoogte" blijven. "Je hebt de Lustige Witwe toch gezien?" "Neen, dat geven ze nog niet, bij ons, in Nice..." Welnu, ze hebben het *dit* jaar gegeven! Salomé? Of Elektra?? Ho maar! Dat kan je denken! *Niets* er van. De Trouvère (net als in Indië, waar ze *altijd* de Trouvère geven) en de Huguenots. Maar, beste vriend, je zoû van gemis aan muziek louter dood gaan. En bij wie zoû je jongen zijn lessen nemen? En waar zoû hij, na zijn lessen, eens kunnen cricket-spelen of foot-ball? Niente, hoor, als de Italiaan zegt: dat beteekent: niets er van! Nu ja, er is een tennis-club. Je zoon en je meisje zouden wat tennissen kunnen. Maar een meisje heeft het in Holland veel "gezelliger" dan in Frankrijk. Onze Hollandsche meisjes hebben het "zalig", vergeleken bij de Fransche. Je dochtertje staat op den drempel: ze is bijna "uit-gaand". Welnu, ze gaat veel prettiger in Holland uit dan hier. In Holland fietst ze en tennist ze en rijdt ze schaats met jongelui, die bij jullie een kaartje hebben gepousseerd, visites bij je maken en soms bij jullie op een "dinertje" komen: die jongelui, racket in de hand, wandelen met haar gezellig naar huis. Al die aardige, gezellige omgang bestaat niet voor het Fransche meisje. Neen, de Hollandsche jonge meisjes mogen wel haar pozitie waardeeren, als we die vergelijken bij die van de Fransche zusjes. Het Fransche meisje, komt ze uit haar klooster, gaat naar twee of drie bals, met mama, die pas *den geheelen avond* achter haar zit, en de jongelui, qui la font danser (ik vind die Fransche uitdrukking zoo amuzant: le jeune home fait danser la jeune fille) brengen het meisje na iederen dans nauwgezet vóór mama terug. De stijve knieën, die de arme mama wel moet krijgen: ze blijft onbewegelijk vier, vijf uur zitten! En ik zie onze Hollandsche meisjes: wel, ik geloof, dat ze zouden bedanken voor die bals, où on la fait danser. En onze jongelui, ze dóen niet de meisjes dansen: de meisjes dansen van zelve, en de jongelui ook!! Beste vriend, je arm dochtertje zoû hier in Nice een vreeslijk leven hebben. Voor een luchtig jong getrouwd vrouwtje kan het hier wel aardig zijn, zie je. Maar voor jonge meisjes is het hier de grenzelooze verveling en het smáchten om maar getrouwd te zijn, om vrij te zijn, vrij te zijn...'

'Dus...' aarzelt mijn vriend; 'niettegenstaande ál mijn buitenlandse sympathies, mijn appreciaties van het klimaat van Nice, den esprit der Franschen... raad je me niet aan... me hier te vestigen... met vrouw en kinderen...'

'Niet alleen, dat ik het je niet aanraad: ik raad het je gedecideerd af!' zeg ik, dapper geworden om mijn welsprekendheid. 'Ik raad het je gedecideerd áf. Vestig je in Den Haag. Blijf Hollander! Word géén kosmopoliet!'

'Maar jijzelf... die je nu Italiaan noemt... en wóónt in Nice...' werpt mijn vriend tegen, die zich niet gewonnen geeft.

'Ikzelf,' herneem ik; 'zoû — zoo ik gewezen assistent-rezident ware, een vroolijke, maar géén luchtige vrouw had, die nog veel lust had in menschen-zien, een jongen van achttien, met ernstige vocatie voor muziek, en een meisje, aanvallig als jou zestienjarige, me *gedecideerd* vestigen in... Den Haag!'

Ik heb héél veel goeds van Holland willen zeggen... Ben ik welsprekend genoeg geweest? En zullen onze vrienden verstandig zijn? Of zullen zij, verblind door azuur, gouden zon en een schitterende uiterlijkheid... zich tóch in Nice ter woon vestigen, stad, die ik calomnieer, maar ondanks alles, óm dien schitter, die zon en dat azuur bemin??

MARCELLUS EMANTS

Arjeploug

In het tijdschrift *De Banier* verschenen vanaf 1875 verslagen van een reis door Zweden, geschreven door de jonge letterkundige Marcellus Emants. Deze Zweedse reis verliep, naarmate Emants dieper in de binnenlanden was doorgedrongen, niet altijd even voorspoedig. Op weg naar Afvaviken sloegen de paarden voor de wagen op hol door een breuk in het gestel en, zoals de schrijver niet naliet te vermelden, door overmatige inname van cognac door de koetsier. Emants werd met een grote boog uit het rijtuig geslingerd. Na de pijn van de val te hebben verbeten, volgden nog tal van andere incidenten: aan voedsel ontstond — op wat knäckebröd na — een tekort, een storm doorweekte hem en een afschuwelijke muggenplaag hield hem uit zijn slaap. Toch vond Emants, toen hij hongerig en vermoeid was aangekomen in het plaatsje Arjeploug, de inspiratie in een imaginair gesprek met een Zweedse ambtenaar de Nederlandse burgerlijke samenleving buitengewoon humoristisch op de hak te nemen.

De bocht van het meer, waaraan Arjeploug ligt, was ten einde gevaren, maar van de stad vertoonde zich nog geen spoor. De boot werd op het land getrokken, ieder nam een deel van de bagage voor zijn rekening en vechtende tegen de muggen, die zich op een allerlaagste wijze het oogenblik, dat wij de handen vol hadden, ten nutte maakten, wandelde het gezelschap de bosschen in. De weg — als men een spoor, dat nu en dan geheel verdween, zoo noemen mag — was alleronaangenaamst. Waar hij niet over losse boomstammen en groote steenen liep, zakte men tot over de enkels in het slijk en liep dan nog groot gevaar over onzichtbare wortels te struikelen, die ter nauwernood boven den grond uitstaken, maar de ingezonken schoenen als voetangels omklemden. Gelukkig duurde deze marsch niet lang, en kwamen wij eindelijk aan een breede laan, van grootere en kleinere rotsblokken, waarop geen spoor van groen te ontdekken was. Hier hield het zoogenaamde pad geheel op en de breede steenmassa moest op de gis worden doorgetrokken. Aangenaam was dit ook weder niet, daar de steenen onder de voeten voortrolden en het vooruitzicht van nedertevallen op dien harden vloer niet tot de rozenkleurigste perspectieven behoorde. Wij vielen echter niet, zelfs niet de schatter, die alles behalve stevig ter been was, en meer dan eens op een steen heen en weder stond te zwaaien, onzeker of hij voor-of achterwaarts zou gaan.

Nu was evenwel het doel bereikt, en nadat wij een kleinen heuvelrand beklommen hadden, lag Arjeploug voor ons.

't Was een pover stadje.

Op een kleine, kale hoogvlakte door de bosschen en een anderen inham van het meer begrensd, lagen een menigte grootere en kleinere rotsblokken verspreid waarmede waarschijnlijk Thor en Loke in hunne jeugd geknikkerd hadden. Tusschen die steenen en even ordeloos als deze door elkaar geworpen, stonden een veertigtal donkergrauwe visschershutten, die met de kleine houten kerk de stad heetten te vormen. Geen vriendelijk boompje breidde zijn takken tegen die sombere planken uit, geen tuintje vertoonde ook maar een enkele kleurrijke bloem; steenen met mos maakten de bestrating en de stoffeering uit, terwijl een paar stukjes akker van een twintigtal schreden in omtrek, met aardappelen en kool beplant in de behoeften der bevolking voorzagen. Van dieren was niets te bespeuren dan een paar magere schapen, die voor een of ander feest bewaard werden. De rendieren gingen 's zomers verder de bergen in.

De vensters der huisjes waren zoo mogelijk nog kleiner dan te Arvidsjaur en het getal vensterlooze piramidetjes, waaronder de Lappen lagen te slapen, was wel dubbel zoo groot. Het geheel zag er zoo verlaten, zoo dor en zoo kil uit, alsof hier de laatste vertegenwoordigers van het uitstervend menschelijk geslacht zich tot heengaan voorbereidden. Toch waren ook hier menschen:

Van God bemind
En tot geluk geschapen.

Het duurde niet lang of de gedienstige *länsman* (commissaris van politie) had ons ingekwartierd en de noodige bevelen voor onze verzorging uitgevaardigd. Aan het begin, ten minste aan de grens van het plaatsje stonden twee houten huizen tegenover elkander, die tot de grootste en voornaamste behoorden. Het een diende tot raadhuis, het ander tot gerechtshof. In het eerste werd de inspecteur geherbergd en bevond zich de eetkamer voor ons allen, in het tweede woonden de schatter en mijn persoon in twee kale kamertjes, waarnaast zich een grooter vertrek bevond, dat geheimzinnig gesloten bleef.

Aangezien wij in de laatste vierentwintig uren slechts een stuk rauwen zalm gegeten hadden, vereenigden wij ons spoedig in de raadzaal, waar de vrouw van den *länsman* zelve het diner zou brengen. Zij moest er wel de gehele stad meê door, maar een andere kok woonde er niet in de buurt. Het was lang niet behagelijk in die geïmproviseerde eetzaal. Een vuile houten vloer, vuile aangestreken muren, twee kleine vensters, die nooit een doek of spons gevoeld hadden, een groote steenen vuurplaat maakten het onroerend gedeelte, een wrakke tafel en een viertal dito stoelen het roerend gedeelte uit. De leden van den gemeenteraad moeten treurige, leelijke denkbeelden krijgen, wanneer zij tusschen deze muren over het welzijn hunner stad beraadslagen.

De *läns*vrouw liet lang op zich wachten en wij benijdden haast den Lapschen heer en dame, die een stuk gedroogde visch in het vuur hadden gehouden, en nu zoo genoegelijk met half gesloten oogen in een hoek aan de taaie vezels zaten te kluiven. Deze beide personages had de *länsman* tot onze lijfbedienden aangesteld, eene functie, die zij met den meest mogelijken ernst waarnamen. De man behoorde zeker niet tot de minst leelijken van zijn leelijk volk. Als de overigen klein van gestalte en daarbij grof van gebeente bezat hij nog sterker uitstekende jukbeenderen en nog grooteren mond. Zijn hemelsblauwe jas, die tot aan de knieën reikte, liet in plaats van den kleurigen borstrok slechts een vuil wit onderkleed zien, waarover een dunne zwarte das hing. Een blauw mutsje bedekte zijn stug, blond haar, terwijl zijn broek van grauwe wol was vervaardigd. De vrouw had meer zorg aan haar toilet besteed, en was door de langere rokken beter gekenmerkt dan de schoone uit Arvidsjaur, voor wie zij in bekoorlijkheid zonder eenige quaestie ver moest onderdoen.

Eindelijk ging de deur open en met een lichte buiging vergezeld van een diepen blos op het frissche vroolijke gelaat, bracht de vrouw van den *länsman* de soep binnen. De man had een slechter keuze kunnen doen dan dit slanke, fijne figuurtje. In zulk een verbanningsoord mocht hij ook wel iets hebben, de zwaar gebaarde, goedige *länsman*. Hij was eerst sedert eenige maanden getrouwd, en zijn huwelijksreis was een sledevaart geweest, waarbij een sneeuwstorm zijn best had gedaan het echtpaar terstond levend te begraven.

De hand van den schatter scheen weer te verergeren, ten minste de gastvrouw werd uitgenoodigd hem een nieuwen strik in zijn das te leggen... De schalk!

Het diner was onovertreffelijk. Rendierensoep, rendierenkaas, gerookt rendierenvleesch, gerookte zalm!... alle pijnlijke herinneringen aan den verongelukten voorraad waren op eenmaal uitgewischt, een gevoel van welbehagen doortintelde onze magen, die volstrekt niet begrepen, waarom zij sinds eenigen tijd op rantsoen waren gesteld.

Na afloop van den maaltijd kwamen de *länsman* zelf, die bijzonder ingenomen scheen met onze tevredenheid over de kook- en rookkunst zijner vrouw, waarvan de leeggegeten schotels de duidelijkste blijken droegen. Ook de schoolmeester daagde op om koffie met ons te drinken en met schele blikken den vreemdeling te monsteren, die weldra een scherpe ondervraging moest doorstaan.

'*Skål* mijnheer — Waar komt mijnheer vandaan?'

'Uit Holland.'

'Halland, zoo, uit Halmstad misschien?'

'Neen,' viel de inspecteur in, 'uit Holland.'

'Ik dacht het wel,' zei de *länsman*, 'dat mijnheer niet uit Halland was, ik heb nog nooit zoo Zweedsch hooren praten. In het eene deel van Zweden praten zij geheel anders dan in het andere, en ik heb ook wel eens gehoord hoe zij in Halland praten, maar zooals mijnheer spreekt, zoo heb ik 't nog nooit gehoord.'

'Mijnheer spreekt in zijn vaderland geen Zweedsch, maar Hollandsch.'

'Wel, wel, ik heb wel eens vernomen dat de mensen in Duitschland en Engeland geheel anders spreken dan wij, dat zij bijvoorbeeld *eau* zeggen waar wij uitspreken *vatten*, maar ik dacht toch dat wij in Zweden elkander altijd wel konden verstaan.'

'Maar mijnheer is niet uit Zweden.'

'Wel neen,' merkte de schoolmeester op, die zich een oogenblik bezonnen had, 'mijnheer is uit Holland of ook wel Nederland, hoofdstad Amsterdam.'

'En spreken zij daar geen Zweedsch? Dan zal het ver weg gelegen zijn. Hoeveel Zweedsche mijlen zou die Amsterdam wel van hier zijn?'

Aangezien dit getal mij niet helder voor den geest stond, trachtte ik den langen weg hem duidelijk te maken, dien men van Amsterdam moet doorloopen om naar Arjeploug te komen, maar 't baatte niet, de *länsman* was nu eenmaal gewoon met mijlen te rekenen, en herleidde dus mijn getal dagen tot een aantal Zweedsche mijlen, dat ik, om een einde aan al die cijfers te maken, terstond voor volkomen juist verklaarde tot in de honderdste deelen toe.

'Zoo, zoo. Nu, ik wist niet dat onze koning zoo ver weg nog iets te zeggen had.'

De schoolmeester ergerde zich.

'Onze koning heeft daar niets meer te zeggen.'

'Holland ligt bij Engeland,' zeide de schatter.

'Staat Holland onder Engeland. Jawel, nu begrijp ik het, dus spreekt u Engels.'

Mijn verklaring dat Holland een zelfstandig rijk was, met een koning en een koningin, een kroonprins en drie andere prinsen met een eigen taal, eigen zeden en gewoonten, werd maar half geloofd.

De schoolmeester wist wel, dat wij een onafhankelijk koninkrijk vormden, dat tusschen Denemarken en Duitschland lag, maar de taal verklaarde hij voor zuiver Deensch, en wat een schoolmeester zegt is waar.

'En is dat Holland nu een koninkrijk zooals Zweden? Wordt het, zooals wij, bestuurd door de vertegenwoordigers van het volk en hebben zij daar dezelfde godsdienst als in Zweden?'

Gedachtig aan de moeilijkheden waarin de God van Nederland mij onderweg al had gewikkeld, sprong ik thans behendig over Hem henen, en vergastte de toehoorders op een schets van Neerlands staatsinstellingen, liefdadigheids-inrichtingen, handelsontwikkeling enz., die ongetwijfeld den naam van ons volk voor altijd een eereplaats in de bewondering der Arjeplougsche geleerden bezorgde. De *länsman* was opgetogen en indien de man er ooit aan denkt, een coup d'état te wagen en Lappmarken onafhankelijk te maken, dan ben ik overtuigd dat het nieuwe koninkrijk geheel op Hollandsche leest zal geschoeid worden.

Sic itur ad astra!... Prosit!

'Evenwel,' merkte de toekomstige monarch aan, 'u spreekt dus van een volksvertegenwoordiging gekozen door de geschiktste, verstandigste, braafste, verlichtste, beschaafdste, bekwaamste, vlugste, geestigste, eerlijkste, diepdenkendste mannen van het land, en hoe wordt nu uitgemaakt wie de geschiktste, verstandigste, braafste, verlichtste, beschaafdste, bekwaamste, vlugste, geestigste, eerlijkste en diepdenkendste mannen zijn? Deze keuze zou mij hier in Arjeploug reeds veel hoofdbreken kosten, vooral wanneer ik den braafste moest uitvinden, want wij zijn hier allen even sterk in de leer.'

'Beste *länsman*, ik zie wel dat het in Arjeploug — althans door uw toedoen — nooit tot een coup-d'état zal komen zoolang gij u niet wat meer op de regeeringskunst toelegt. Niets is gemakkelijker dan het uitzoeken der geschiktste, verstandigste, braafste, verlichtste, beschaafdste, bekwaamste, vlugste, geestigste, eerlijkste en diepdenkendste mannen. Gij zoudt in uwe naïeveteit naar Lund of Upsala trekken en daar knappe mannen zoeken; gij zoudt misschien een examen willen instellen om de kundigheden der candidaten te onderzoeken; gij verbeeldt u denkelijk dat het bekleeden eener bepaalde betrekking een waarborg is voor bekwaamheid? Neen, onnoozele, zoo dwaas is Nederlands wetgever niet geweest. Zijn alomvattende menschenkennis leidde tot schitterender uitkomst. Wie is er geschikter, ik vraag het u, om voor groote menschen wetten te maken dan de speelgoed-koopman, die met de menschheid in de wieg reeds kennis maakt, hare behoeften bestudeert, zich beijvert om die alle te bevredigen en in de liefhebberijen van het kind reeds den hartewensch van den gerijpten man voorgevoelt?

Wie is er verstandiger dan de rijke erfgenaam, die met de schatten door zijne vaderen opeengehoopt ook het talent erft om die óf te vermeerderen, óf bijeen te houden óf te verkwisten?

Wie is er braver dan hij, die in de eenvoudigheid zijns harten niet schroomt den rook zijner vuren door een aantal schoorsteenen ten hemel te doen stijgen? Ware de man niet zoo rein als Abel, maar verstokt als Caïn, dan zou immers de rook naar binnen slaan en de ellendige zich haasten zijne schoorsteenen tot het kleinst mogelijk getal terug te brengen?

Wie is er verlichter dan hij, die het grootste aantal vensters heeft en zon en maan vrijen toegang tot in het diepst van zijn binnenkamer laat? Of zoudt gij in uwe onnadenkendheid den geleerde, die op een bovenkamertje woont met één raam, uitziende op een binnenplaats zonder licht of lucht, eenige aanspraak op verlichting willen toekennen?

Wie is er beschaafder dan hij, die zijn oog op de keurigste meubelen laat rusten, die elk gedruisch in zijn woning in dikke tapijten smoort, die in kolossale spiegels zijn edele vormen ten voeten uit bewondert, die zijn leden op de molligste sofa's uitstrekt, omdat evenals bij de prinses van Andersen een erwt door een scheepslading kussens heen hem blauwe plekken in de zachte huid drukt?

Wie is er bekwamer dan hij, die voor den broode niets behoeft uittevoeren, die de dagelijksche zorgen aan een heirleger van dienst- en werkboden kan overlaten, terwijl hij zelf na een gezonde, lange nachtrust in kalme overpeinzing de belangen van het land overweegt?

Wie is er vlugger dan hij, die een groot aantal paarden op stal heeft en hetzij voor zichzelven, hetzij voor anderen van de snelheid dezer dieren gebruik maakt om altijd de voorste te wezen?

Wie is er geestiger dan de kroeghouder, die voor alle smaken zulke een grooten voorraad van geest in huis heeft, dat hij immer den dorst van alle dorstigen zonder eenige inspanning kan lesschen?

Wie is er eerlijker dan hij, die het volle vertrouwen zijner medeburgers geniet, en bij wien zij zonder vrees hun engelsch zout halen, terwijl zij weten dat het zwaarste vergift in zijne kelders bereid ligt en dat 't hem eene kleine moeite is den overgezonde in plaats van met engelsch zout met pruisisch zuur voor eeuwig te genezen?

Wie is er tot diepdenken geschikter, dan de houder van een nachthuis, die tot laat in den stillen nacht als geen straatrumoer zijne gedachten meer afleiden kan zijn blikken onverpoosd over het diepste menschlijk wee laat weiden?'

De bewondering van den *länsman* steeg ongeloofelijk hoog.

'Dus,' merkte hij op, 'wanneer nu die geschiktste, verstandigste, braafste, verlichtste, beschaafdste, bekwaamste, vlugste, geestigste, eerlijkste en diepdenkendste mannen de allergeschiktste, allerverstandigste, allerbraafste, allerverlichtste, allerbeschaafdste, allerbekwaamste, allervlugste, allergeestigste, allereerlijkste en allerdiepdenkendste, dus het puik der natie, hebben uitgezocht, dan beraadslagen deze ongetwijfeld ernstig over de belangen van volk en land.'

'Och! neen, waarde *länsman*, dat is dan geheel overbodig, want gij begrijpt daarover zijn zij het terstond eens. Dat het allen in 't gemeen en hem zelven in het bijzonder welga is ieders vurigste wensch.

Om vaderlandsliefde te leeren moet men naar Holland komen.

Wanneer die heeren bijeen zijn, dan oefenen zij zich in het houden van redevoeringen, natuurlijk over volkomen onverschillige punten bijv. godsdienst, politiek, enz. liefst onderwerpen waaraan nooit een eind kan komen, want anders zouden zij 't natuurlijk te spoedig wederom geheel eens zijn. Somtijds schelden zij elkander zelfs heftig uit, maar nooit meer dan noodzakelijk is om te verhoeden dat iemand hoogmoedig worde op zijn hoedanigheid van een der allergeschiktste, allerverstandigste, allerbraafste, allerverlichtste, allerbeschaafdste, allerbekwaamste, allervlugste, allergeestigste, allereerlijkste en allerdiepdenkendste mannen van het land.'

'Maar zijn er ook ministers in Nederland zooals hier in Zweden?'

'Zeker, de ministers dragen aan die vereeniging der allergeschiktste, allerverstandigste, allerbraafste, allerverlichtste, allerbeschaafdste, allerbekwaamste, allervlugste, allergeestigste, allereerlijkste en allerdiepdenkendste heeren de wetten voor. Somwijlen gebeurt het dan dat zich in de groote eensgezindheid dier allergeschiktsten, aller-enz. kleine verschilpunten openbaren bij het onderzoek dier wetten. Vooral wanneer de minister zich verstout een nieuw idee te hebben, dan gevoelen de allergeschiktste, aller-enz. eensklaps het ontzettend gewicht van de taak, die op hunne schouders rust, en huiverig iets aantevangen waardoor het welzijn van de natie niet bijzonder bevorderd zou worden, stellen zij elkanders meeningen dan op geduchte proeven, vragen naar het waarom, waardoor, waarheen, waarvoor, waarmeê, waarbij, waarlangs, waarop, waaronder, waartoe, waarover, onderzoeken, wikken en wegen, toetsen en beraadslagen zoolang, dat meestal de man achter de groene tafel — want de minister zit achter een tafel met groen laken bekleed waarop de oogen aangenaam rusten, wanneer zij zich op de voortreffelijkheden der allergeschiktste, aller-enz. hebben moê gestaard — met de nieuwigheid onder den arm het hazenpad kiest, verpletterd door het gewicht zijner verantwoordelijkheid, en dat de leden met geruste gewetens naar huis gaan, omdat zij *het hunne* gedaan hebben. Gij begrijpt dat er met zulk een kieskeurigheid alleen uitstekende wetten tot stand komen.'

'Het onderwijs moet wel uitmuntend zijn ingericht,' merkte de schoolmeester aan, 'in een land waar zooveel voortreffelijke mannen zijn'.

'Nu, dat zou ik gelooven, mijnheer de schoolmeester. Van heinde en ver komen zij dat bij ons bewonderen. Het onderwijs is in Holland een "voorwerp van de aanhoudende zorg der regeering" en de geleerde Nederlanders zijn zoo begeerig den titel van Nederlandsch onderwijzer te dragen en mede te kunnen werken tot de voortgaloppeerende ontwikkeling der Nederlandsche natie, dat men het onderwijzend personeel voortdurend op harde proeven moet stellen om te onderzoeken of geen onedele drijfveeren in 't spel waren toen zij solliciteerden voor eene aanstelling.

Om dus te voorkomen dat iemand onderwijzer worde in de verwachting van een lui en lekker leven te kunnen leiden is men er toe moeten overgaan hem een jaargeld toetekennen, waardoor hij juist voor hongerdood bewaard wordt, maar waarvan hij zijn vrouw — indien hij zich de weelde van een vrouw veroorlooft — nooit een geschenk op haren verjaardag kan geven. Als de man kinderen heeft, komt hij dikwerf in de verleiding zijn geheele huisgezin een paar steenen om den hals te doen om te onderzoeken of het in de vuile grachten beter is dan op of achter de zindelijke Hollandsche dijken.'

'Maar dit is glad verkeerd,' schreeuwde de verontwaardigde schoolmeester.

'Neen, mijnheer, dit is juist zeer verstandig ingezien. Zat Diogenes niet in een ton en de brave Job op een mestvaalt? Welnu, eerst wanneer onze schoolmeesters ook in tonnen of op mestvaalten moeten gaan wonen — en dat oogenblik nadert met rassche schreden, want de huizen storten reeds boven hunne hoofden in — eerst dan zullen zij genoeg gelouterd zijn om als leeraars der Nederlandsche jeugd waardiglijk optetreden, en haar opteleiden "tot alle christelijke en maatschappelijke deugden".'

De schoolmeester vroeg welk onderscheid er bestond tusschen christelijke en maatschappelijke deugden, mitsgaders wat eigenlijk maatschappelijke deugden waren, maar ik doorgrondde zijn toeleg om het Nederlandsch onderwijs belachelijk te maken bij tijds, antwoordde niet en veinsde alleen naar den *länsman* te luisteren, wiens bewondering voor Neerland's volmaaktheid alle grenzen te buiten ging, en hem een Zweedschen dithyrambus in den mond gaf, dien ik hier, om de bescheiden Bataven niet tot achter de ooren te doen blozen, liever verzwijg.

Aangenaam is het mij te kunnen vermelden, dat ik zonder eenige tegenspraak een zinsnede van een hooggeleerd Hollandsch auteur kon voordragen, die de kroon op mijne poging zette om Nederland ten minste in de schatting van bewoners der Lappmarken, een hooge en eervolle plaats te doen innemen.

'... wij geven van het onze ten offer, opdat wij welvaart mogen genieten. Daarom hebben wij als het nood is, goed en bloed veil voor het lieve vaderland, opdat wij met de onzen vredig en gelukkig in het vaderland leven mogen. Daarom dragen wij lasten en brengen wij op ten behoeve van den lande en van de stad, opdat wij krachtiger mogen arbeiden tot vermeerdering van onzen rijkdom en overvloedigen vrucht genieten van onzen arbeid.'

'Hoe wordt de geheele maatschappij van jaar tot jaar dagelijks bijkans rijker in die goederen, waarin allen van den aanzienlijkste tot den geringste, hun gelijk aandeel hebben. Orde, regt en vrede worden meer en meer bevestigd; veiligheid en rust verzekerd, de zorg voor den lichamelijken welstand des volks werkt al krachtiger; kennis, verlichting, beschaving dringen door tot al lagere en lagere klassen der volksmenigte; het peil der algemeene welvaart rijst hooger en hooger. De arbeid van allen, groot en klein, ontmoet voortdurend overvloediger en krachtiger hulpmiddelen; de behoefte van allen vindt gereeder vervulling. Daar zijn zoo veel goede zaken, waar wij allen zonder onderscheid dagelijks het vrij en onbeperkt genot van hebben, niet minder dan van licht en lucht, zóó, dat wij ze haast even weinig waardeeren. Dijken en sluizen beschermen den bodem, waar rijk en arm veilig naast elkander wonen. Wegen en vaarten doorsnijden het land in alle richtingen en liggen daar voor allen gelijkelijk ten gebruik open. De spoorwagen en de stoomboot brengen den vermogende en den arme met elkander over van plaats tot plaats, naar elks begeerte. De post bezorgt aller brieven door het geheele rijk voor geringe vergoeding. Tot aller gerief zijn de straten der steden geplaveid en des nachts schitterend verlicht. Men glimlacht misschien over de verwijzing naar zulke dagelijksche dingen. Maar...'

'Vergelijk dit paradijs bij uw Lapland en dan eerst zijt gij in staat een oordeel over Neerland's grootheid te vellen.'

Schoolmeester, *länsman*, inspecteur en schatter waren verrukt! Die toenemende rijkdom, terwijl overal elders 'kracht' wordt gemaakt, die orde, veiligheid en rust ongetwijfeld door een uitstekende politie gewaarborgd, dat recht door een flink betaalde rechterlijke macht gehandhaafd, die zorg voor den lichamelijken welstand in een tijd, dat drie vierde der beschaafde menschheid vergift in plaats van voedsel naar binnen slaat, die verlichting, terwijl leugenaars beweerden, dat Holland altijd een halve eeuw minstens ten achteren bleef, die behoeften van allen die vervulling vinden, terwijl in de groote steden van andere landen half onder den grond, half onder de dakpannen zich menschelijke wezens door een voedsel in 't leven houden waarvoor een welopgevoede hond den neus zou optrekken, dat vrij en onbeperkt genot van zoo vele goede zaken, die huiselijke samenwoning van rijk en arm, dat heerlijke plaveien en dat schitterende verlichten der straten! Welk Laplandsch hart zou niet haastiger kloppen bij zooveel heerlijkheid?

Neen, de Laplanders glimlachten niet.

Het was tien minuten voor middernacht, toen wij naar het gerechtshof overstaken om een welverdiende nachtrust te genieten, indien ten minste slapen bij helderen dag mogelijk is, wanneer het licht niet door het allerdunste gordijntje getemperd wordt. Aan den horizont zwevende wierp de zon gloeiend roode tinten over de grauwe woningen en lange donkerblauwe schaduwen op den steenachtigen grond. Voor eenige minuten zou zij schuil gaan achter een der Noorweegsche sneeuwtoppen, en dan weer opstijgen om haar schoonste feest, den St. Jansdag te vieren.

Albert Helman

Uit op verkenning

Ofschoon ik nog geen kwart van mijn levensjaren in Nederland heb doorgebracht en ik er al enige decennia niet metterwoon gevestigd ben — meestentijds zelfs aan de andere zijde van de Atlantische Oceaan vertoevend — kom ik toch jaarlijks ten minste één keer en soms meerdere malen voor een korte poos naar Holland. Dit heeft een eenvoudige, maar erg zwaarwichtige reden: achter de duinen en dijken van deze Lage Landen wonen meer mensen die mij innig dierbaar zijn, dan in heel de rest van de wereld. Dit is toevallig zo, en mijn behoefte om hen telkens weer terug te zien en mij te koesteren in hun genegenheid neemt eerder toe dan af met het stijgen van de jaren.

Niettemin zou ik voor geen geld van de wereld in Nederland willen wonen, en de redenen *hiervan* zijn talrijk, te veel om op te noemen. Ik zal mij bepalen tot één of twee, die ieder op zichzelf voor mij al afdoende grond zijn voor mijn vrijwillige, ja zelfs blijmoedige 'vervreemding' van het land waaraan mijn lot mij nu eenmaal met ook nog andere banden dan die van de liefde voor een klein groepje mensen geketend houdt.

Natuurlijk is het afschuwelijke klimaat van Nederland — een klimaat dat zijn onmiddellijke weerslag heeft op het karakter van de inwoners — alleen al een afdoende reden om deze contreien te schuwen. Het soms wel mooie, hoewel veel te vlakke landschap verliest onder de sombere hemel van bijna-elke-dag al heel gauw iedere bekoring. Om dezelfde reden zou ik zelfs niet in Schotland met zijn boeiender bergen en meren willen wonen, noch in Noorwegen, noch zelfs in zo'n oord als Bogotá en omgeving, waar driekwart van het jaar een druilregen het leven vergalt op deze diplomatieke 'strafpost'. Ik kan niet leven zonder zon, en in Nederland ziet men zelfs de maan maar heel zelden!

Nu geef ik toe, dat men het klimaat waarschijnlijk best als een onontkoombaarheid kan leren aanvaarden — maar dan zonder al te veel nare bijkomende omstandigheden zoals de overbureaucratisering der samenleving, de onverdraagzaamheid en pottekijkerij van Jan en alleman, de manifeste pietluttigheid en bedilzucht van hoog tot laag. Holland is vol-land en privacy — een allerkostbaarst goed in mijn ogen — is er zelfs te vuur en te zwaard niet meer veroverbaar. Allerminst op het gebied waarop ik mij beroepshalve moet bewegen (zoals hier en nu) terwijl het nooit prettig is met de vinger te worden nagewezen, want ook het niet-ernaar-omkijken bezorgt een stijve nek. En het is een van mijn vele ondeugden, met genoegen mijn nek zo ver mogelijk uit te steken.

'Wat had je hier dan te zoeken?' wordt mij menigmaal gevraagd, en niet ten onrechte. Laat ik dit dan voor één keer bij deze bijzondere gelegenheid uit de doeken doen, en daarmee tevens de hoofdreden uiteenzetten, waarom ik levenslang zwerven 'in den vreemde', met alle nadelen en ongemakken daarvan, verreweg verkies boven het gestadige en 'gezellige' leven in Nederland.

Opgevoed in de tropen, in een veeltalig milieu, maar in een familie waar door een samenloop van omstandigheden het Nederlands de gezinstaal, en op de scholen die ik bezocht de onderwijstaal was van mijn bijna uitsluitend Nederlandse meesters, ben ik in menig opzicht de dupe geworden van dit noodlot. In de eerste plaats werd ik gedwongen tot het maken van vergelijkingen en het mij rekenschap geven van allerlei verschijnselen die jongelieden in een ééntalig of zelfs tweetalig milieu uiteraard ontgaan. Want ondanks de positie van het Nederlands dat zich voor mij al gauw tegenover de andere talen waarmee ik te maken kreeg, als een elitetaal afzette, ontdekte ik al van jongsaf de schilderachtigheid en uitdrukkingskracht van geheel andere idiomen. Geen reden tot enige voorliefde voor het Hollands, laat staan liefde.

Maar een literatuur hadden juist sommige van die 'andere' talen niet, althans niet daar waar ik opgroeide. Het waren spreektalen en geen schrifttalen, wat wél het geval was met het Nederlands en de andere 'moderne' en 'klassieke' talen waarin ik — steeds vanuit het Nederlands — werd onderwezen. En in die tijd ging het dan nog in het bijzonder om de 'mooie' taal, een specialiteit waaromtrent nogal verschil van mening onder mijn leermeesters bestond. Ik spreek helaas van bijna zeventig jaar geleden, toen de al oude *Gids* bij menigeen in het antieke verdomhoekje geraakt was en *De Nieuwe Gids* groot opgeld deed als het summum van literaire nieuwlichterij en revolutionair taalgebruik. Ontkom daar maar eens aan, zelfs op zo'n grote afstand van de 'bronnen' in het land waar de beroemde taal-Batavieren zich met hun hoofdkwartier hadden verschanst.

Was ik maar bij dit alles maar een lijdzame toeschouwer en mee-genieter gebleven! Maar door de hemel mag weten wat aangezet, begon ik als zestien-, zeventienjarige zelf te schrijven: eerst een nogal lyrisch dagboek, als ik mij wel herinner. Waarop spoedig prozastukken — met Van Deyssel als mijn heerlijkste voorbeeld — en 'verzen' volgden, naar de trant van twee tegenstrijdige dichters: Boutens, omdat een paar van zijn bundels in de enige boekhandel van mijn geboortestad als graag-geloosde winkeldochters fungeerden, en Gezelle, omdat de oubollige schoolbibliotheek — beter voorzien met Van Lenneps en mevrouw Bosbooms oeuvre dan met dichtbundels — merkwaardigerwijze in het bezit was van een complete Guido Gezelle, in de hemel mag weten hoeveel delen.

Mijn leeshonger in die dagen was onverzadigbaar, ik had mij al overzat gegeten aan de Beetsen, Lamartines en Hugo's van mijn moeder, terwijl mijn schrijflust in evenredigheid toenam met de jaren. Niet alleen in het Nederlands; ik beproefde het, naarmate ik vorderde in de andere 'cultuurtalen', ook dáárin, en zelfs in die waarin ik nog nooit iets, tenzij heel gebrekkig, gedrukt gezien had.

Boeiend waren die pogingen die mij tenslotte beter afgingen dan wat ik beproefde in de op school aangeleerde talen.

Hoewel ik daarbij het gevoel had dat ik mij toch vrijer en gemakkelijker in het Nederlands kon uitdrukken, al vond ik deze taal nogal weerbarstig en bepaald onwelluidend naast al die andere, die immers ieder hun eigen bekoorlijkheid voor mij hadden.

Er hoort bij een taal ook onafscheidelijk een cultuur. Van een aantal 'exotische' had ik van jongsaf het een en ander van nabij, door eigen aanschouwing leren kennen. Van de Europese echter wist ik alleen iets af door lezen en horen zeggen. En uit de mond van mijn nostalgische Nederlandse leermeesters natuurlijk over het verre Holland een ophemelarij van jewelste. De 'leestrommel' die ons gezin van de nodige 'actuele' lectuur voorzag, plus de clandestien van her en der opgedoken Franse, Engelse en Duitse boeken of vertalingen daarvan, voedden mij bovendien met een hutspot van invloeden die een tegengif vormde voor de geïdealiseerde verhollandsing die ik onderging. De Nederlandse taal is mij nooit bijzonder dierbaar geworden, maar de voorkeursplaats van 'Hollands' tijdens mijn vormingsjaren is beslissend geweest voor mijn toekomst, en zou ik mijn noodlot kunnen noemen, ware het niet dat ik — fatalist tot in de grond van mijn hart — ervan overtuigd ben dat, zoals de Arabieren het uitdrukken, het allemaal in onze linkerooghoek staat gegrift...

Beslissend was het ook, dat ik pas na de Nederlandse taal redelijk goed geleerd te hebben, de Nederlandse cultuur *in situ* leerde kennen. Ik moest en zou 'Nederlandse taal en letteren' studeren, want dat zou, meende ik in mijn tiener-naïviteit, mijn schrijverij alleen maar ten goede komen en vooral mijn vermogen tot onderscheid tussen hetgeen *De Gids* en hetgeen *De Nieuwe Gids* al sinds jaar en dag voorstonden. Zo verliet ik dan de koloniale warmte om, arm als de mieren, in het zogenaamde Moederland, in 'het uitverkoren land van belofte' te trachten mijn weg te vinden. Gevolg: een nogal bewogen confrontatie met de culturele werkelijkheid van Holland.

Geen gemakkelijke opgaaf voor een werkstudent in dat derde decennium van onze eeuw! Maar het gebeurde, met de nodige miskleunen weliswaar, echter gelukkig zonder ongelukken, al ging het gepaard met veel ontgoocheling, veel teleurstelling. Die betroffen niet alleen land en volk, het klimaat, de verburgerlijking en kleinzieligheid (gelukkig toen nog zonder racisme!) maar vooral ook dat lauw-warme broeierige complex dat 'vaderlandse letteren' genoemd wordt en dat ik nu in al zijn historische details, maar vooral in zijn samenhang met de binnen- en buitendijkse realiteit leerde kennen. Naarmate ik ze beter bestudeerde, die 'eigen letteren', gingen ze mij meer tegenstaan. Troost en baat vond ik bij wat mijn toenmalig vriendje Albert Kuyle dichtte:

> Ons land is wel mooi, vol koeien en hooi,
> en maar zeven uur van Parijs.

Het duurde niet lang of ik ontdekte hoe dichtbij de landsgrenzen van Nederland waren en hoe gemakkelijk te overschrijden. Voor arme jongens zelfs op de fiets. Daar, in het 'buitenland', zag ik meer ruimte, meer aantrekkelijkheden, meer mogelijkheden om uit je eigen bekrompenheid los te groeien, dan in Nederland. Dáár deed ik in die prille tijd echter nog een andere ontdekking: dat er zoiets als een 'avant-garde' op allerlei kunstgebieden bestond; lieden die volkomen maling hadden, zowel aan 'gidsen' als aan 'nieuwe gidsen', of aan wie of wat dan ook. Ze waagden zich in het onbekende, juist op hun vakgebied, en waren avonturiers-van-de-geest, stijfkoppig en roekeloos. Bij hen voelde ik mij het meest thuis, want zij vormden een soort van 'gemeenschap', althans voor een korte poos.

Maar de zwerver in mij was ontwaakt, hoewel ik aanvankelijk wel behoefte had aan een 'thuisbasis', — totdat ik na verloop van nauwelijks een half dozijn jaren zo vervreemd raakte van mijn literaire vrienden, zelfs die in *onze* 'avant-garde', dat ik — enkele schaarse uitzonderingen daargelaten — niet de minste behoefte meer had aan hun nabijheid, laat staan aan hun gezelschap, aan verder 'thuis' zijn in hun omgeving en gedoe. Ik was en bleef een buitenbeentje en werd (wat ik in wezen toch al was) weer een vreemdeling.

Wat ik toen over de Nederlandse literatuur in het algemeen dacht, en nu nog denk, schreef ik al in overduidelijke bewoordingen in het Letterkundig Jaarboek *Erts* van 1930, in een bijdrage getiteld 'Naar een Nederlandsch-Europeesche literatuur'. Om bij hoge uitzondering en met de nodige excuses mijzelf te citeren, ik zei toen reeds, haast bij wijze van afscheid: 'Ook literair is Nederland voornamelijk een transitoland. Het is een stapelplaats van Europeesche waar, geen productie-land. Maar in een betere positie nog dan Scandinavië. Niet gehinderd door een moordende taalverdeeldheid gelijk Zwitserland en België, in een gunstiger staatkundige en sociale ordening dan de kleinere Slavische en Balkanstaten, kan Nederland van alle Europeesche landen een der beste stapelplaatsen worden van de nieuwe continentale cultuur.'

Waartegenover ik echter stelde, en nu nog — bijna een heel mensenleven na dato — enigermate generaliserend *blijf* stellen: 'Hier wordt slechts één gegeven altijd weer herkauwd, één bittertafel-theologie steeds weer bekritiseerd, één burgermansmoraal steeds weer gecommentarieerd, met zooveel net gecopieerd gesprek, met zooveel receptmatige psychologie, met zooveel natuurbeschrijving en overdaad van attributieven. De vondst, de ontdekking, de creatie zijn zoek, en schijnen altijd uit te zullen blijven. Zelfs in hun onderwerp zijn onze romanciers beperkt gebleven tot een even vruchtelooze als eenzijdige beschouwing van hun calvinistisch schuldvraagstuk, hun gepieker om de levensbestemming. (...) De meest simplistische onder deze lieden denken alle gevaar te bezweren door het schrijven van een deels gefingeerd dialect en deels geforceerd hoog-hollandsch. Deze scribenten geven wat oppervlakkige schilderijen van boeren, burgers en buitenlui, meestal in zoetsappige, dooreenvloeiende pastelkleuren, en intelligentielooze boeren-psychologie. Zij meenen daarmede een typisch vaderlandsche kunst te creëren.' Tot zover wat ik ruim een halve eeuw geleden beweerde.

Een boutade? Neen, al zou ik er vandaag, ofschoon er weinig verandering in de algemene toestand valt waar te nemen, toch ter vergoelijking aan willen toevoegen: Laat ze maar hannesen. Zij konden en kunnen niet anders, want Holland, nauwelijks zo lang als het breed lijkt, is nu eenmaal Holland. Dat verander je ook met z'n allen niet. En wie mij voor de voeten smijt dat ik wellicht zelf ook inmiddels gezondigd heb in de aangehaalde opzichten, kan ik in gemoede antwoorden, dat het dan in ieder geval echt-Nederlandse zonden geweest zijn. Niemand onttrekt zich geheel en al aan zijn geestelijke 'afkomst', al is deze soms bezwaarlijk te aanvaarden, ofschoon wel te ontvluchten.

Intussen heb ik mij met de jaren ook ruimtelijk afgekeerd van mijn oude en minder oude 'gidsen' met al hun 'Leiding', hun 'Criteria' en 'Maatstaven' en *d'rum und d'ran.* Ik hou niet van gidsen, en hoe klein Nederland ook is, het is alom begidst, met alle waardering voor de ANWB.

Als eenling in den vreemde ben je erop aangewezen je eigen weg te zoeken, een verkenner te zijn. En in de verkennerij — of het nu de geestelijke dan wel de materiële betreft — heb ik mijn stiel en levensdoel gevonden. Dat zou bij moeders pappot niet mogelijk zijn.

Haaks tegenover de gidsen staan de verkenners, dat is duidelijk. Gidsen zijn van oudsher lieden die de weg kennen naar een bepaalde plek en die ons, eenmaal daar aangekomen, allerlei wetenswaardigs weten op te dissen over hetgeen er te zien en te beleven valt *op die plaats.* Menigmaal dingen die men al weet, menigmaal nog onverifieerbare nieuwigheden. De gidsen doen dit altijd bij wijze van een uit het hoofd geleerd lesje, en men moet hun liefst niet te veel vragen stellen, want dan raken zij geïrriteerd. Weters bij uitstek en betweters zijn het, zoals de naam in zijn oorspronkelijke betekenis al aangeeft. Hun oudste manifestatie vormen dan ook de gidsfossielen.

Voor zover de gidsdiensten aan professorale functionarissen (baret in plaats van pet) worden toevertrouwd, leiden zij binnen de kortste keren tot een zeker anti-toerisme; de sightseeing wordt een veel te vervelende bezigheid en zelfs de meest verstokte studiosi blijven ten slotte weg. Een paar onnozele kwinkslagen hadden hen er nog bij kunnen houden, maar de voorgeprogrammeerde rondleidingen worden juist door de hooggeleerde geleiders veel te plechtstatig doorgezet, zonder rekening te houden met de laatkomers, die soms op eigen houtje — dus eigengereid — nog even iets in de buurt trachtten te verkennen. Met grote strengheid worden zij tot de kudde en de orde teruggeroepen.

De meest eminente gidsen zijn doorgaans dan ook niet de beste, al denkt men in bepaalde kringen van de doorluchte Maatschappij er misschien anders over. Sommige gidsen zijn zelfs zó ver gegaan dat zij 'Leiding' wilden geven aan de toeristenhorde. Verkenners zijn wars van zoiets; zij handelen op eigen verantwoording en willen geen anderen achterna lopen.

Hoe geheel anders is de geaardheid van deze enkelingen, die zich buitengaats begeven waar nog wat te ontdekken valt. De naam zegt al dat het avonturiers zijn die weg noch steg kennen, maar onbevreesd erop uitgaan om te zien hoe men 'ergens' — een meestal gedroomd 'ergens' — terechtkomt, in opgetogen afwachting hoe het er daar uit zal zien en ongeacht het resultaat of het dan mee- of tegenvalt. Wel altijd in staat zich te verbazen over het feit dat het daar zó is en niet anders. Zwerfzieke mensen dus, in tegenstelling met het huiselijke, huisbakken, maar o zo berekenbare soort dat ook de gidsen omvat, die er immers juist op uit zijn hun schaapjes te behoeden voor 'het gruwzaam onvoorziene', het avontuur. 'Ontheemd' noemt men hen met een vreselijk woord.

Dat de verkenners met een zekere roekeloosheid behept zijn, ligt in de aard van hun bedrijf. Evenzeer dat zij zich naar de vreemdste oorden begeven, hoe verder hoe liever; hoe onbekender, des te aantrekkelijker. En dat zij, even teruggekomen, dan wel zonderlinge verhalen doen, à la Jaromir. Alleen dan, wanneer zij zich weer op bekend terrein bevinden, omdat ook zij onvermijdelijk daarvan uitgaan, maken zij zelf ook wel eens gebruik van gidsen, en lopen ze gemakshalve een eindje met hen mee. Maar daar het gidsen-territoir zich zelden ver uitstrekt en de concurrentie der gidsen onderling benauwend groot is, haasten de meeste verkenners zich om zo gauw mogelijk weer 'hun eigen weg' (die nog geen weg is) op te gaan. Als in het oerwoud, al kappend, ruimend, speurend, twijfelend, zich verbazend, maar onafgebroken aangetrokken door iets onzichtbaars in een vormeloze verte.

Zij zingen vaak daarbij, improviseren ongekende melodieën op fantastische teksten. Dit in tegenstelling tot de nuchtere gidsen die 'poetry-proof' zijn en het nuchterste proza gebruiken voor hun leerrijke voordrachtskunst. Wel verleren zij in den vreemde het huiselijk idioom, maar wie naar hun avonturenverhaal wil luisteren, raakt toch geboeid door het ongewone dat zij te vertellen hebben en door hun zonderlinge manier van vertellen. Dat de gidsen er hun neus voor ophalen, is begrijpelijk. Het klimaat in Holland brengt met zich mee dat de neuzen doorgaans verstopt zijn, zeker voor al wat de geur van het onbekende met zich meedraagt. Verkenners zijn omhelzers; het afweergebaar is de gidsen eigen, mede vanwege de besmettelijke verkoudheden en het nationale griepgevaar.

Voorbijgaand aan de talloze gidsen op elk denkbaar gebied in Nederland, wil ik tot besluit slechts constateren dat, zoals elke in de schone letteren geïnteresseerde weet, de Nederlandse literatuur al sinds vele generaties gekenmerkt wordt door zijn talrijke speciale gidsen, oude en nieuwe, terwijl de nieuwste zich provocerender namen aanmatigen.

Weshalve in dit land alleen die auteurs meetellen, die gidsdiensten verlenen, wegwijzers zijn voor hun lezers, hun bij uitstek de mooie vertelsels, roddels, anekdoten en legenden weten voor te kauwen die samenhangen met de plek waar zij zich bevinden — in casu de Lage Landen bij de Zee. Alles wat zich daarbuiten afspeelt, is doorgaans taboe, wordt oninteressant gevonden, is maar verkennerswerk. Tenzij het als opzienbarende import wordt gepresenteerd, net zoals dit met de films het geval is.

Mij treffe geen verwijt van 'gebrek aan respect'. Ik weet iets van ouderdom af, van zijn zegeningen en zijn gebreken, zijn voor- en nadelen. Op leeftijd wordt het skelet al heel broos, — dus opgepast! Maar om op de verkenners terug te komen, deze worden helaas nooit zó oud; ze bezwijken meestal nogal vroegtijdig aan hun ondernemingslust, enkele bevoorrechten uitgezonderd en afgezien van degenen die van lieverlede verworden tot gids; die, al houden zij nog zo van verhuizen, toch steeds in de nabijheid blijven van hun vroegere woonstee, bang als ze zijn voor het verlies van hun oriëntatie en het nuttig rendement van hun plaatselijke kennis, die weliswaar beperkt, maar toch uiterst gedetailleerd is. Dan zijn mij de enkelingen liever, die omgekeerd aan het gids-zijn de brui gaven en evolueerden tot verkenners. Het kan ze zuur opbreken, maar tegelijkertijd groter maken. Zoals het Busken Huet vergaan is, om maar iemand te noemen. En dit ondanks zijn postume uitverkiezing tot 'Nieuwe Gidser'.

De echte gidsen zijn onverwoestbaar, beschut door hun profetenmantel of hun grijze eminentie. Slechts een halfvergetene onder de voortrekkers — 'zeitfremd' en vaderlandsloos geworden — houdt zich hier en daar nog staande in hoge ouderdom, bescheiden toeziend hoe deze zich steeds sneller ontwikkelende wereld, maar een wereld met aldoor wijkende horizonten en perspectieven, verder reilt en zeilt.

Wat mijzelf betreft, het zal niemand verbazen dat ik mij, na mijn eerste jongelingsjaren en vroege herkenning van de gidsen, voorgoed van hun gilde heb afgewend en mij onder de verkenners in den vreemde heb begeven, van wie ik getracht heb het onontbeerlijke uithoudingsvermogen, de vereiste ondernemingslust, de nodige opgewektheid en het geduldige zelfvertrouwen te leren, maar vooral... het dapper-zijn bij tegenslagen — alles eigenschappen die bij zulk 'onzeker' leven, zulke 'ongerichte' werkzaamheden behoren. Want het ligt in de aard van de verkennerij, in de natuur van 'het vreemde', dat daarbij menige dwaalweg wordt ingeslagen, men soms met de kop voor het onoverkomelijke komt te staan en dan óf rechtsomkeert moet maken op een tocht die dan vergeefs gebleken is, óf moet proberen Acheron te vermurwen, het lot te slim af te zijn, in elk geval niet te versagen. Maar je leert van lieverlede ook, wanneer het noodzakelijk is 'de weg terug' te vinden — al is het niet altijd de kortste. Ook omwegen voeren soms tot nieuwe avonturen, onverwachte ontdekkingen. Wat weten de erkende gidsen dáárvan af?

Zo heb ik dus (schijnbaar) gekozen en moet ik de gevolgen dragen van die keus. Het enige wat mij nog met het 'thuisfront' — ondanks al zijn gidsen — bleef verbinden, was en is nog steeds: de taal! De mij opgedrongen taal als fataliteit en als dubieuze faciliteit. Ik moet Taine gelijk geven dat afkomst en milieu bepalend, en zoniet van doorslaggevende, dan toch van intrinsieke betekenis zijn voor wat er van ons wordt op de lange duur. Tijd en plaats zijn bij dit 'terechtkomen' stellig hoogst relevant. Immers wij zijn als een boemerang die naar alle richtingen kan worden uitgeworpen, maar toch steeds zal terugkeren naar de hand die hem uitwierp. Dit laatste heeft Heidegger er niet bij gezegd. En zullen wij ook terugkeren naar Shiva met de vele armen, in geval wij *zijn* 'uitwerpsel' zijn? Ook hierover heeft de Duitse gids wijselijk het stilzwijgen bewaard. Maar ik zit ermee; met meer levensvreugde overigens, dan verdriet.

Het waren inderdaad zeer verschillende culturele handen die mij de wijde wereld in gooiden, en ik ben niet van zins een ervan te misprijzen, laat staan te verloochenen. Hetgeen mij tot de slotsom leidt, dat ook een auteur die (naar hij hoopt) als regel in goed Nederlands schrijft, toch als een on-Nederlandse schrijver moet gelden en niet mag klagen wanneer hij als zodanig wordt bejegend. Des te minder wanneer hij zich niet bij de gidsen of onder hun hoede heeft geschaard, maar bij de verkenners een hachelijk heenkomen vond. Laat hem dan maar nergens bij horen.

Gerrit Komrij

Een blinde vlek op de landkaart

VERHITTE GEMOEDEREN

Zich gedeisd houden, zo onopvallend mogelijk proberen te doen, niet te veel in de gaten willen lopen, het heet tegenwoordig, allemaal het handhaven van een *low profile*. Multinationals handhaven een *low profile* in politiek-dubieuze staten. Zakenreizigers handhaven een *low profile* onder Japanners en Arabieren. Een socialistische minister handhaaft een *low profile* in een centrum-links-kabinet. Nederland handhaaft een *low profile* in de wereld.

Nederlanders minimaliseren hun profiel zó van harte dat ze onmiddellijk een Engelse uitdrukking overnemen en die te pas en te onpas gebruiken, ook al bestaan er genoeg nationale equivalenten voor. Zelfs de regelmaat waarmee we nu *low profile* in onze taal tegenkomen maakt deel uit van hetzelfde *low profile* dat we in onze politieke hoedanigheid wensen te handhaven. De stoplap typeert het principe.

Als een land graag een gidsland wil zijn, mag men dan niet verwachten dat het een ander ook eens een schop geeft of flink in de arm bijt, wanneer die ander een verkeerde weg wil inslaan?

Maar Nederland maalt er niet om of het, al gidsende, wel volgelingen heeft.

Het wijst onvermoeibaar de weg en raakt er niet in het minst van onder de indruk dat geen vreemdeling zich de weg wil laten wijzen. Zodra het maar zijn verheven Taak van het Geweten met veel gedruis van woorden heeft vervuld, bekommert het zich om iets ordinairs als de praktische invulling niet.

Nederland is een geleidehond die met een nuffige blik een zak vol lucht aan zijn morele riem meetrekt. Amen.

Is er iets tegen als de stem van Nederland niet alleen orgelt, maar ook wordt gehoord? Is er iets tegen als de identiteit van Nederland niet alleen binnenslands de gemoederen verhit, maar ook over de grens enige aandacht trekt? Nee, zouden we daarop moeten antwoorden.

Er is niets op tegen. Een ander van je waardevolle aanwezigheid bewust maken is geen kwestie van hoogmoed en ijdelheid, maar van zelfrespect en zelfvervulling. Aldus zouden we moeten antwoorden. We zouden natuurlijk ook de daad bij het woord moeten voegen.

Dat vergt moeite en kosten. Of een volk dat zo gehecht is aan de kosteloosheid van de Daverende Stem van zijn Geweten en aan de moeiteloosheid waarmee het gidst, die kunnen en willen opbrengen?

We zouden er ons, o help, een ietsje voor moeten *inspannen* — voor de aanwezigheid van de Nederlandse taal en cultuur in het buitenland. Over de *wereld* hoeven we ons geen illusies te maken, het is met de buurlanden al moeilijk genoeg. Het gaat niet eens om de financiële inspanning: het gaat om het doorbreken van het *low profile*.

Hoe voorkomen we dat Nederland zélf, in zijn geheel, van de culturele landkaart wordt geveegd?

In een kwaadaardige bui beweer ik wel eens dat vijftien kamerzetels voor de Centrumpartij een zegen voor de Nederlandse literatuur zouden zijn. Kwaadaardig, maar waar. Men zou in Europa opkijken van Nederland. Velen zouden verschrikt grijpen naar een boek dat hun iets kon bijbrengen over het soort wezens dat daar huist. Over onze taal en cultuur, derhalve.

Dat grijpen is van belang, niet de Centrumpartij. Ook met een waanzinnige koningin of met een Friese variant van de IRA zouden we al aardig zijn geholpen.

Als je geluk hebt kom je in het buitenland wel eens een intellectueel tegen die weet waar Nederland ligt.

Tenminste, waar zo ongeveer.

Ergens achter of in de buurt van Denemarken.

Een geografische precisie die de Nederlander tot tevredenheid behoort te stemmen, want voor de rest ontbreekt het de buitenlandse intellectueel aan iedere exacte kennis omtrent onze Scandinavische provincie. Nu ja, op die eeuwige klompen, tulpen, melk en voetballers na.

Ik heb het niet over de kennis van de gewone man. Ook de Nederlandse gewone man weet van menig land maar weinig meer dan een handjevol stereotypen. Zo zijn de gewone mannen nu eenmaal. Ik heb het over de kennis van de buitenlander die een zekere vorm van voortgezet onderwijs heeft gevolgd en die er wel eens op werd betrapt dat hij een boek las.

Onvoorstelbaar hoe moeilijk het is zo iemand aan het verstand te brengen dat Nederland, bijvoorbeeld, een eigen taal heeft.

— Een eigen taal?

— Jawel, een eigen, zelfstandige, onafhankelijke, particuliere taal.

— Iets als Duits zeker?

— Nee, nee, geen Duits. Ne-der-lands. De allereigenste expressie van onze allereigenste emotie.

— Iets als Engels dan?

— Nee, iets dat voor honderd procent en historisch bewijsbaar en geheel en al en sinds den beginne Van Ons Zelf is.

— Half-Duits, half-Engels dus?

Als het je dan *eindelijk* is gelukt de rimpels van ongeloof op het voorhoofd van zo'n buitenlandse intellectueel weg te strijken en de brave ziel ervan lijkt te hebben overtuigd dat Nederlanders wel degelijk in het bezit zijn van een eigen taal, ontstijgend aan een gelegenheidskoeterwaals of een *lingua franca* waarmee neringdoende ezels zich behelpen — als je er dan eindelijk in bent geslaagd hem duidelijk te maken dat die eigen taal geen goeie mop is, dan nóg luidt steevast de volgende vraag, gesteld met een stalen gezicht:

— Maar bestaat daar dan een literatuur in?

Ik overdrijf niet. Als we maar lang genoeg aandringen willen de intellectuelen aller landen nog wel geloven dat er zoiets als een Nederlandse taal zou kunnen zijn, maar een échte taal — een taal waarin wordt gedacht, geschreven en gecommuniceerd — wordt het nooit.

Hoe komt dat?

Dat komt omdat de Nederlanders er, diep in hun hart, precies zo over denken. Zij die ons land in het buitenland vertegenwoordigen of aan de man wensen te brengen weten meestal niet *hoe* snel ze krom Engels, mank Frans of scheef Duits moeten spreken.

Ik wil nu even niet hoogdravend doen over de taal als bindmiddel van een culturele identiteit of over de trots op een nationale literatuur: ik constateer alleen dat bij de Nederlanders zelfs *het plezier* over het bezit van een eigen taal ontbreekt.

Vooral voor de schrijvers is dat treurig. Dat zij ten overstaan van de intellectuelen aller landen in de steek worden gelaten door hun eigen politici en de nationale kaashandelaren, het is nog tot daar aan toe, maar dat zij ook door de mede-intellectuelen uit hun vaderland worden verraden, dat is bitter. 'Een kwart van de colleges aan de Universiteit van Amsterdam wordt voortaan in het Engels gegeven', lees ik in de krant. Het college van bestuur en de universiteitsraad besloten daartoe. Vijf miljoen gulden trokken ze uit voor de dringend gewenst geachte 'internationalisering' van hun universiteit.

Het is een van de voorbeelden van dat verraad.

Een schamel bedrag van honderdduizend gulden was niet naar boven te hengelen om de noodlijdende stichting te redden die de vertaling van Nederlands literair werk in het buitenland stimuleerde, maar er zijn in dezelfde periode vijf miljoen beschikbaar om het Nederlands aan één stedelijke universiteit om zeep te helpen.

Een cultuur was óók zoiets, ooit, als een bolwerk van verstandige en creatieve mensen. In dat bolwerk stonden universiteit, kunst en literatuur zij aan zij. De *artes liberales*. De *humaniora*.

Maar de universiteit koos, in haar angst voor bezuinigingen en met haar jacht op volume en omzet, lafhartig de zijde van de politici met hun 'maatschappelijke relevantie'. Van de vaderlandse kaas- en tulpenhandelaren.

De schrijvers zijn eenzamer dan ooit. Nog even en er is inderdaad geen Nederlands.

SPINOZA OP KLOMPEN

Een beetje Erasmus mag, mits het bijtijds uitdraait op klompen. Spreek vrijmoedig over Spinoza, mits daar de molenwieken bij tollen. Laat gerust de naam Rembrandt vallen, maar zorg voor een achtergrond van tulpen. Prijs het woeste geel van Van Gogh, mits tijdens het serveren van blokjes kaas. *Holland Promotion*.

Is er wel één land in de wereld dat zich zó weinig serieus neemt? Ik moet er nog van horen.

Ik geef toe, er zijn landen die zich op een *ijzingwekkende* manier serieus nemen. Die zo dik en pompeus doen dat je als vanzelf begint te verlangen naar wat zelfspot en zelfverkleining. Je zou ze sympathieker vinden als ze zich wat meer zouden wegcijferen, af en toe. Als ze hun grandioze leuzen en hun gestrooi met werkelijke of vermeende coryfeeën eens wat matigden.

Dat is niet de manier waarop Nederland zich klein maakt. Dat het zichzelf niet serieus neemt kan soms grappig zijn — ronduit verwerpelijk is het dat het dit doet door er behagen in te scheppen zich zo kinderachtig en kabouterachtig mogelijk te presenteren. Geen bescheidenheid is het, ik zei het al, maar gebrek aan zelfrespect.

Alleen wie zijn eigen waarde kent, op wat voor kleine schaal ook, kan zich veroorloven bescheiden te zijn. Maar Nederland trekt geen gekke gezichten uit angst om volwassen te lijken, nee, omdat het niet volwassen wil zijn. Het land der eeuwige luierkinderen.

Hollandse zakenlieden reizen de wereld af met een stoet kaasmeisjes in hun kielzog. Ambtenaren van de afdeling exportbevordering zeulen koffers vol kleurendia's mee waarop molens in iedere denkbare wiekstand prijken. Diplomaten bombarderen buitenlandse receptiegangers met tulpebollen, Madurodam, Keukenhof, een koppeltje fietsen, een Edammer kaas, een boer op klompen, zelfs de Hollandse wapenhandelaars denken dat hun afnemers niet genoeg van die gekkigheid kunnen krijgen. Ze leuren met hun land of het om een toeristische apenrots gaat.

Een reservaat van pekelharingen, liever gezegd.

Als ze, omdat ze ergens een klepel hoorden luiden, toch nog *even*, tussen neus en lippen door, de naam van Erasmus, Spinoza, Rembrandt en Van Gogh laten vallen, dan doen ze dat schichtig en beschaamd, om zo snel mogelijk weer over te gaan op de wipmolen en de pitjeskaas.

Ze lijken doodsbenauwd dat iemand hen er over zal doorzagen.

Wat hebben die snuiters immers ook alweer geschreven of bijeengepenseeld? De Hollandse exportbevorderaar zou het niet weten. Als hij maar de indruk heeft kunnen wekken dat Rembrandts atelier in een pannekoekenhuis was gevestigd en dat Erasmus woonde in een karnton vindt hij het allang goed. Stonden de klompen van Spinoza niet alweer in het museum van Gouda? Of was dat de pijp van Hendrickje Stoffels?

Het is ontstellend genoeg te merken welke clichés er over Nederland in het buitenland bestaan, maar het is nog ontstellender te moeten constateren dat die clichés door onze commerciële en politieke afgezanten doelbewust worden gecultiveerd. Er kleeft altijd iets kleuterachtigs, iets van *hun* kleuterachtigheid, aan Nederland als je hoogst toevallig door vreemdelingen eens over dat land hoort praten.

Geen hand steken onze handelsreizigers uit om deze kleuternoties wat bij te schaven. Als ze ten antwoord krijgen dat Erasmus een Italiaan was, Spinoza een Portugees en Van Gogh een Fransman, ze zijn daar dik tevreden mee. Het maakt hen zélf juist des te internationaler, kosmopolitischer en wat niet al.

Het is 'al mooi genoeg' wanneer hun buitenlandse handelspartners willen geloven dat al die artistieke lui te eniger tijd en op enige plaats in Nederland waren gehuisvest. *Low profile*, meneer. Het ware spel wordt gespeeld met duiten, daalders en florijnen. Van Gogh uit het vuistje.

De cultuur als de sierdop op de grutterskar.

VAN GOGH SUPERSTAR

Over de groots en grootscheeps bedoelde Vincent van Gogh-tentoonstelling in Amsterdam meldden de kranten vooral de hoogte van de verzekeringssommen.

Ook over de gulheid van de sponsors werd royaal gerept.

Ondanks boze stemmen die beweerden dat het bedrijfsleven zulke sponsor-rondedansjes uitsluitend houdt rondom grote namen en lucratieve publiekstrekkers.

Nu — wie teleurgesteld is dat men in dat milieu weinig of geen geld overheeft voor levende, risicodragende kunst mag het de KLM, Heineken of Philips niet kwalijk nemen. Hij plukt de wrange vruchten van zijn eigen naïeve hoop. Kunst mag dan geen staatsbemoeienis zijn, kunst zonder vergulde lijst is geen bedrijfsbemoeienis.

Ik zou ook niet zover willen gaan om, zoals de organisatoren van de Van Gogh-tentoonstelling dat deden, de heer Jacob Dekker, die met zijn bedrijven Van Gogh International BV en Van Gogh Marketing BV vijftig miljoen gulden per jaar omzette, dankzij een gamma van naar de ongelukkige schilder vernoemde parfums, T-shirts, balpennen, stropdassen en sjaals, een *kunstparasiet* te noemen. De heer Dekker was gewoon de zoveelste in de rij die geld rook waar het te verdienen viel.

Iemand die in tijden van hongersnood rattebiefstuk zou verkopen en, in tijden van moederschaarste, zijn eigen moeder.

Tot zover niets bijzonders.

Sportschoolhouder. Kantoor in de Gouden Bocht van de Herengracht. Tweede thuishaven in New York. Projectontwikkelaar. Fotorolletjes-ontwikkelaar bovendien, want bezitter van zeventig vestigingen van *One Hour Super Photo*.

Kortom, het type dat niet in staat is markten te herkennen waar geen gat in zit.

Niet om zijn handigheid en hebzucht reken ik hem tot dé ontdekking van het Van Gogh-jaar. Vingervlugge schrapers zijn er genoeg. Het is om zijn uitspraken. Ik heb, wetend hoe rijk het Van Gogh-circus was aan vulgariteit en kitsch, nog even gewacht om te zien of er een dieper dieptepunt bereikt kon worden, maar nee. Jacob Dekker was méér dan een dieptepunt: hij is een allegorie van de Nederlandse handelsgeest. De moderne cultuurheld, type Batavier, bij uitstek.

Van zichzelf zegt hij — in een interview — dat hij 'risico's aandurft waar anderen voor terugschrikken'. Hij beklaagt zich over de Nederlandse aardappeletersmentaliteit, maar waarom? Omdat die maakt dat wij Van Gogh met Brabants bruin en hard werken associëren, en met dat 'imago' kan hij zijn woest-gele stropdassen en zijn op vrijetijdsbeleving gerichte vulpotlodenassortiment in een groot aantal landen niet kwijt.

Bij de naam van de schilder trekt hij persoonlijk een vies gezicht. 'Zijn levensstijl stuit mij volledig tegen de borst,' bekent de heer Dekker. 'Van Gogh was een afschuwelijk man. Echt een Hollander die in Frankrijk de weelde niet kon verdragen. Hij was bekend in alle salons, zoop te veel, had te veel wijven. Een liederlijk man. Liederlijkheid is niet de moeite waard. Als de fles wijn te groot is, moet je stoppen wanneer je genoeg hebt.'

Een schilderij van Van Gogh zou Jacob Dekker beslist niet willen bezitten. 'Afschuwelijk! Die doeken zijn toch veel te klein. Als ze groter waren, zou ik ze wel willen hebben. Nu zie je ze over het hoofd.'

Caramba!

Kleine slokjes, grote doeken.

Hier spreekt, vermomd als vlotte verschijning, de aardappeleter zelf. Italiaans gekleed, fraai gekapt, *high-tech*, maar toch een aardappeleter.

'Te groot voor Nederland,' noemt hij zichzelf. Niet te beroerd om op de aardappels te pissen die hem voeden, zou ik zeggen. Het prototype van een nieuwe succesgeneratie, zelfs de schaamte van de Beschaving als Sierdop voorbij.

DE MAAIVELD-DOCTRINE

De uitspraak dat in Nederland 'iedereen die boven het maaiveld uitsteekt onmiddellijk de kop wordt afgehakt' mag dan op een grond van waarheid berusten en een mooie, verklarende voorgeschiedenis kennen in de puriteinse traditie van een volk dat, behalve God, niemand boven zich duldde, ze behoort tot de uitspraken waarbij je er altijd op bedacht moet blijven *wie* het zegt.

Meestal hoor je het uit de mond van een bordeelhouder of patatboer die vindt dat hij te veel belasting betaalt. Ook naar warme landen gevluchte meester-oplichters, of artiesten die meer kapsones hebben dan publiek, zijn er sterk in.

Het is een uitspraak die, van nabij besnuffeld, een reactionair luchtje uitwasemt. Vaak komt er bij genoemde figuren dan ook meteen een wijsheid uit dezelfde koker achteraan in de trant van: 'Een normaal mens kan in Amsterdam met al die hondepoep en heroïnespuiten toch niet over straat?' of: 'Hoe harder een mens werkt in ons landje, hoe meer hij daarvoor wordt gestraft.'

Al zou de opmerking over de nivellerende zeis boven de lage landen kloppen, al lijkt het kleineren van talent en het laten struikelen van idolen daar inderdaad hét nationale volksvermaak, een verstandig mens heeft geleerd: het blijft oppassen geblazen met de verkondigers van de maaiveld-doctrine.

De rancune, het te snel verdiende geld en de zelfoverschatting loeren om de hoek.

Je let dus nauwkeurig op degene die het zegt.

Drie keer, in één week, stootte ik op die uitspraak.

In Vrij Nederland vertelde Frits Becht, kunstverzamelaar en de directeur zelf van de Stichting Vincent van Gogh, tegen Bibeb: 'In dit land is geen visie, geen *amour*, geen allure. Denk aan Haitink, die man hebben ze verdomme ook laten gaan.'

In Elsevier merkte de schrijver-uitgever Martin Ros, zich beklagend over sportverslaggevers, diezelfde week op: 'Ze doen hun werk altijd ten koste van de sport en de coureurs. (...) Ze zijn constant bezig met het de-heroïseren en het demythologiseren.'

En de schrijver Tim Krabbé voegde daar, een pagina verderop, aan toe: 'Nu is (in de sportjournalistiek) alles gebaseerd op gelul uit de kleedkamers (...) Je kunt geen regel lezen of hij is insinuerend. Het is altijd neerbuigend, depreciatief. Over wielrennen bijvoorbeeld. Altijd verdachtmakend: doping, het verkopen van koersen. Suggereren. (...) Ik heb het gevoel dat dit bijna de standaardhouding tegenover sport is.'

Driemaal, in één week dus, van hetzelfde laken een pak. Men beklaagde zich over het neersabelen van hoofden boven het Hollandse maaiveld, in het ene geval van het hoofd van een topdirigent, in het tweede en derde van dat van topsporters. Tophoofden.

Als we nu letten op wie het zegt, niemand zal de heren Becht, Ros en Krabbé, wat men ook moge denken over elk van hen afzonderlijk, patatboeren of rancuneuze *yups* willen noemen die onophoudelijk zwart geld over de grens smokkelen, om dat buiten het bereik te houden van de enige nivellering die zij werkelijk vrezen. Niemand zal de heren Becht, Ros en Krabbé ervan willen betichten er een compleet arsenaal van reactionaire opvattingen, van het genie dat ik hierboven noemde, op na te houden.

Als er in *hun* kringen ook zo over wordt gedacht, zouden we ons dan tóch niet, heel even, achter de oren krabben?

Wat me bij alle drie heren opvalt is dat ze niet een abstractie als 'het volk', maar juist hun natuurlijke medestanders in de kunst- en sportwereld deze Hollandse nivelleerziekte en ontmythologiseringsdrang verwijten. Het concertpubliek heeft Haitink niet laten gaan. Het waren de kunstbonzen. Het publiek heeft zijn voetbalhelden en fietsidolen niet verloochend. Het waren de journalisten die het kleinzielige achter de prestatie en de potentiële struikelaars achter de grote gestalten zochten.

Zou het zijn dat de klasse die de volksaard zou moeten verrijken, opstuwen, analyseren en kritisch begeleiden zélf nog het slachtoffer is, onbewust van een aard die het volk inmiddels heeft afgelegd? 't Zou treurig zijn.

Of behoort de klacht die men betreffende het maaiveld aanheft tot het vaste ritueel van ons *aller* leedvermaak over de val en uitstoting van elkeen die zich verheft — zolang het ons en wat ons dierbaar is maar niet overkomt?

ALGEHELE VLOERVERWARMING

Koopman en dominee. Onder deze noemer is menige bespiegeling gehouden over de Nederlandse volksaard.

Tot vervelens toe.

'Koopman en dominee', het was steeds weer de uitkomst die ons als buit werd voorgelegd door de navorsers die op zoek gingen naar Nederlands geestesmerk.

In het verleden, welteverstaan. Wie nú nog naar dat merk wil zoeken heeft, dunkt me, een wel heel buitenissig formaat lantaarn nodig. Met het vermogen van een nachtkijker, radar en halogeenschijnwerper tegelijk.

Of hij iets zou vinden, betwijfel ik. Aan het Nederlandse volk op dit ogenblik een eigen, specifieke geest toekennen, het is even gewaagd als supporters van een voetbalclub verdenken van sportiviteit.

Maar er was eens een tijd dat we de koopman en de dominee hadden. Handelsgeest en godsvrucht ineengestrengeld. Twee halen, één betalen.

Een bericht in de krant heeft me er definitief van overtuigd dat het met ons vrome zakeninstinct — of onze zakelijke vroomheid — gedaan is. Geknakt is de laatste strohalm van het Nederlands geestesmerk.

Het betrof een bericht over de restauratie van de Westerkerk in Amsterdam. Daar zou het vermoedelijke graf van Titus van Rijn, de zoon van Rembrandt, worden geopend. 'Rembrandt had onvoldoende geld', zo las ik in de krant, 'om een graf te kopen. Volgens dominee N. ter Linden is het niet uitgesloten dat Rembrandt uit piëteit onder dezelfde steen is begraven als zijn zoon Titus. Er bestaat een kleine kans dat naast de overblijfselen van Titus ook die van zijn vader liggen. Dominee Ter Linden van de Westerkerk heeft dat zondag gezegd. Als de overblijfselen van Rembrandt worden gevonden, krijgt de beroemdste Nederlandse schilder na ruim drie eeuwen eindelijk een graf met zijn eigen naam erop.'

De kans dat er inderdaad Rembrandteske knekels zouden worden gevonden, vervolgde het bericht, werd klein geacht. De voormalig archivaris van de gemeente Amsterdam stelde zelfs dat die kans 'uitgesloten' was aangezien de familie Van Rijn tot 1743 voor de grafrechten betaalde en daarna niet meer — met als gevolg dat, nog steeds volgens hetzelfde bericht, 'het graf in 1806 weer aan de kerk toeviel'.

Wat er in de tijd dat de dominees nog kooplieden waren op neerkwam dat het graf werd geruimd om opnieuw verhuurd te worden.

De stille hoop ten minste een páár authentieke botten te vinden leek waarachtig op een poging van dominee Ter Linden om van de Westerkerk een toeristische trekpleister te maken. Om — wat ik maar zeggen wou — het koopmansaspect van zijn vrome ambt in ere te herstellen.

Maar de schijn bedroog. Wat er niet langer in zat kwam er ook niet meer uit.

Want hoe luidden de slotzinnen van het bericht? 'Ik heb in de kerk wel eens een ontvangst gegeven voor buitenlandse gasten,' verklaarde de secretaris van de Westerkerk. 'Die vroegen allemaal naar de plek waar onze grote schilder lag. Het is dan toch heel pijnlijk dat je het antwoord schuldig moet blijven.'

Al jarenlang het antwoord pijnlijk schuldig gebleven, de kerkvoogd, en nu weer van een voormalig archivaris moeten horen dat ze elke hoop op een knekel kunnen vergeten.

Dát bedoelde ik met de teloorgang van de koopmansgeest in stichtelijke kringen.

Een beetje dominee met zakelijk inzicht had allang een afgesleten, onleesbaar geworden grafsteen, al was het ergens in een hoekje van de Westerkerk, benoemd tot 'het graf van Rembrandt' om er vervolgens de toeristen in drommen heen te lokken.

Er zijn in de wereld zoveel grafstenen van beroemdheden die er niet onder liggen.

Uit de grote hoeveelheid losse vingerkootjes en ribben van Johannes de Doper, waaraan het vrome volk in katholieke landen zich eeuwenlang vergaapte, valt een stoet complete Johannesen in elkaar te flansen. Op een akkertje van de Heilige Land-stichting staat de stal van Bethlehem.

Wat maalt een toerist er om of *the real thing* een eind verderop ligt? De beheerders van de Westerkerk hadden er niet eens een *onleesbare* grafsteen hoeven neer te leggen. Ze hadden er met een gerust geweten meteen een heldere tekst in kunnen uitbeitelen. In het Japans.

Maar het koopmanschap liet hen in de steek. Ze hadden het, denk ik, té druk met het binnenboord houden van de laatste resten gelovig Nederland.

Want dat het hier om een laatste kans ging om een blik te werpen in het — niet-aanwezige — graf van Titus had, las ik, te maken met het feit dat *alle* grafstenen eruit moesten. Er was een nieuwe laag beton nodig op de kerkvloer van de Westerkerk, 'aangezien in het restauratieplan is voorzien in de aanleg van vloerverwarming'.

Nagenoeg tweeduizend jaar heeft het in de kerken als de hel getocht en gevroren, en het zijn waarachtig niet de tocht en de vrieskou geweest die de gelovigen eruit hebben gejaagd. Maar dominee bleef zijn best doen. Beatmissen, cabaretiers die alternatieve preken hielden, vrolijke samenzang, derde-wereld-solidariteitsdiensten en Tibetaanse gastdominees hebben niet geholpen. Nu zal er dan eindelijk vloerverwarming komen. Een laatste wanhoopsdaad.

Gaat het om het zieleheil van het kerkvolk? Om over het huichelhart van de gelovigen de zweep van Gods woord te leggen? Nee, het gaat om hun recht op warme voeten.

Blijf bij ons, blijf bij ons.

Toen de koopman en de dominee er nog waren hadden we kruik, pantoffel, warmwaterzak, stoof, vuurkorf en lollepot. Ons rest als schim van een Nederlands geestesmerk alleen — algehele vloerverwarming.

GIDS VOOR VREEMDELINGEN

Amsterdam, 31 september 1992

Beste heer Poefferoen,

Tijdens onze aangename ontmoeting op de snelweg Charogne-Chenapan, en wel, om precies te zijn, op de picknick-inham bij Saleté-sur-deux-Eglises, beloofde ik u, zojuist op de terugreis van een bezoek aan Rome, schriftelijk te informeren over een aantal van de belangrijkste bezienswaardigheden van Amsterdam, waarheen u zich, zoals u me vertelde, voor uw periodiek 'recreatieve en culturele onderdompeling' de eerstvolgende keer hoopte te begeven.

Thuisgekomen haast ik me mijn belofte in te lossen. Ik strooi er enkele tips tussendoor die voor u persoonlijk van belang zouden kunnen zijn.

Evenementen van algemene aard. In het bijzonder voor de maand die u voor uw bezoek aan Amsterdam hebt gekozen kan ik u de Peter Stuyvesant-Floriade aanbevelen, waarlijk een waterval van bloemen en bovendien de gelegenheid waar de kwekers, verenigd in het Javaanse Jongens-gilde, voor het eerst hun nieuwste variëteiten aan het publiek vertonen. Zo zullen dit keer de Douwe Egberts-roos en de Van Nelle-tulp ten doop worden gehouden. In dezelfde maand zal in de Nissan-congreshal een expositie worden gehouden van het werk van jonge uitvinders die mededingen naar de felbegeerde Mitsubishi-prijs en zal in het DAF-stadion, in het kader van de Van Gend & Loos-tele-spelen, gevochten worden om de Philips-trofee.

Evenementen, in het bijzonder kunst en cultuur betreffend. Voor de hogere kunsten zult u minstens één avond moeten doorbrengen in de Gall & Gall-opera op het Albert Heijn-plein (de voormalige rommelmarkt van Amsterdam) waar de Hema-cyclus van de opera's van Meyerbeer een gebeurtenis van internationale klasse belooft te worden. Reserveer bijtijds een plaats op het Interlübke-balkon. Voor het lichtere werk, maar niettemin amusement op niveau, dient u een bezoek aan Van Den Ende's Telebingo-Circus aan de Amstel, eertijds een circustheater, niet achterwege te laten. Het mooiste uitzicht, daar, hebt u vanuit de Ikea-loge. De voorstellingen van de musical Véronique en de Veertig Rovers, op een tekst van de beroemde schrijver Hugo Boss, schijnen al geruime tijd volgeboekt, maar met een beetje geluk vindt u ongetwijfeld nog een plaatsje. Probeer het bij het PC-Uitvaart-Uitburo, gespecialiseerd in spijtoptant-tickets.

Betreffende cafés en de inwendige mens. De kunstenaarssociëteit Peki & Cloppenburgiae en de wat minder deftige eetcafés 't Zwaantje van Zwan (specialiteit: graanjenever met rookworst!) en de Finimal-Taveerne trekken op het ogenblik het interessantste publiek. Ik hoop u in een van die gelegenheden t.z.t. te ontmoeten, heer Poefferoen. Voor een goedkope maaltijd kunt u bovendien terecht bij de Postbank-Gaarkeuken of bij een van de filialen van KLM-MacChicken of van AMRO-Burger.

Enige nuttige faciliteiten tot slot. De gemeente Amsterdam heeft, zowel bij wijze van toeristische attractie als om de overlast van het snel groeiend uitgaansleven tegen te gaan, de traditie van de 'openbare waterplaatsen' voor een deel in ere hersteld. Zo zult u op strategische plaatsen in de stad de Grolsch-krul, de Dommelsch-krul en de Oranjeboom-krul aantreffen.

U ziet, ik vergat geen aspect van uw welzijn!

Uw, w.g.

P.S.

Zojuist lees ik in de Rabo-koerier, het stedelijk huis-aan-huisblad, over een nieuw voorstel van de burgemeester van Amsterdam: in ruil voor een jaarlijkse bijdrage van tweeduizend gulden aan de gemeentekas en de toezegging dat er gratis tweeduizend King Size reclameborden langs de grachten geplaatst mogen worden, biedt de burgervader aan zijn stad om te dopen in Heinekenstad. Houd daar binnenkort met de bewegwijzering rekening mee!

ALFRED KOSSMANN

Proeve van vaderland

Een verslag

Die ellendige zondag gingen we naar het Rijksmuseum om ons Hollands te voelen. Ik had tevoren de Griekse dichter Seféris zitten lezen en was hem gaan benijden, niet alleen om de Nobelprijs. *Dit* was tragiek, moeten leven met al die klassieken, een veel te zware erfenis, en behalve benijdenswaardig tragisch was het in Griekenland ook benijdenswaardig warm. Ik had als Griek geboren moeten worden, ik voelde het duidelijk, en kreeg tranen in de ogen toen ik bij het doorbladeren van het boekje eilanden, olijfbomen, tempels, platanen, dennen, hutten en bij god een bloesemende zee tegenkwam.

Langs de iepen van Amsterdam, die kaal bogen in de snijdende wind, liep ik naar het museum, erg Grieks, maar ik ontwikkelde me snel, bij Pieter Aertsz was ik al helemaal thuis. Het was vol in het museum; vaders liepen met gelukkige, verliefd huppelende dochtertjes aan hun arm te kijken naar Lazarus op bezoek bij de rijke man en zij toonden zich voldaan toen op het volgende schilderij de rijke man stierf. Een heel klein jongetje zag het hoofd van Johannes de Doper op Salomes schaal liggen en vroeg: 'Is dat een meneer?'

'Ja, geweest,' zei zijn vader en trok hem mee.

Beneden, in het rookkamertje tussen de prenten en de achttiende-eeuwse schilderijen, bemerkte een langslopend meisje het tegelplateau: dames en heren zitten deftig op een terras.

'Dat is steen,' zei ze verrast.

Haar vader wees haar op de losse stukken en zij vroeg: 'O, was het een puzzle?'

Het was anders dan op een werkdag, een beschaafd familiefeest, heel huiselijk tot bij de Nachtwacht de gewijde stilte viel en de suppoosten de kinderen minzaam maanden om te zwijgen en stil te zitten. In deze kapel van Sint Rembrandt heeft men verzuimd de juiste meubels te plaatsen; er zijn wel banken maar men kan er niet knielen, verschillende mensen werden er onrustig door.

Op werkdagen is het stiller in het museum en minder gezellig. Er lopen dan serieuze buitenlanders een plicht te vervullen en klassen lagere schoolkinderen worden door behaarde, gebaarde mannen rondgeleid. Voor zij mogen kijken, zitten zij schilderachtig, zich overdreven van hun cultuur bewust, op banken en op de grond naar een les te luisteren. Ik ben er eens bij gaan staan toen ze zich om een schilderij verdrongen. De kunstenaar was op het zangtoontje van kinderliefde en begrip bezig aan een uitleg: 'Zie je dat blauw, mooi hè, en weet je hoe die verf gemaakt werd? Nou, dat zal ik je vertellen, de schilders maakten hem van aquamarijn, weet je wat dat is, een halfedelsteen, en die aquamarijnen, die halfedelstenen werden gemalen, helemaal fijngemalen, daarom is die kleur zo mooi. Het waren dure stenen hoor, erg duur, en ze hadden er heel wat van nodig. Hoe vind je dat nou?'

Brave kinderen, het braafste meisje gehoorzaam: 'Zonde hè.'

We werden steeds Hollandser, opgenomen in dat grote zuinige gezin, en woonden aangenaam in de interieurs van Vermeer en Pieter de Hooch en zovele anderen, lagen ter afwisseling lekker bezopen, met losgemaakt keurslijf, bij Jan Steen op een bank, keken veel naar koeien en veerponten, en stommelden op klompen de laatste gang door, om sinterklaas te gaan vieren, oliebollen en pannekoeken te eten, lange pijpen te roken, in het openbaar ons behoef te doen, met een lange pruik op weeshuizen te beheren.

Even nog gingen we naar 'De bedreigde zwaan' van Thomas Asselijn kijken, het boze dier waarvan ik als kind zoveel heb gehouden. Er stond een kleine felle man naar te turen, die langzaam in het Frans aan mij vroeg wat 'bedreigd' in het Frans is. Ik was te verrast om er op te komen en vertaalde, om maar iets te doen, de woorden 'de vijand van de staat' en de 'raadspensionaris', want die kan men lezen op het schilderij.

Hij bleek ook Vlaams te spreken, heel moeilijk, of hij de woorden van onderuit de put van zijn geheugen in een piepklein emmertje naar boven haalde. 'Dat is mooi,' zei hij, 'dat is af, hawel, wat zien de mensen toch in Rembrandt?'

Ik glimlachte, hij pakte me bij de revers en ging in rap Frans verder: 'Als hij de Nachtwacht bij mij had ingeleverd, zou ik hem ook geweigerd hebben, het is slecht, slordig, gewoon te lui geweest om het af te maken, de ondergrond ingeleverd, hebt u de figuren gezien, mismaakt, veel te gedrongen, schandalig, een bedrieger, komt u mee.'

Maar wij ontsnapten en gingen naar buiten en stonden in een Jan van der Heyden, met alles heel precies aangegeven en schel, schuin, lelijk winterlicht in een hemel die schoon, bloot en nat nog rilde van de zaterdagse beurt. De Westertoren was heel pips en protestant in dat akelige licht, we schoven een kroeg binnen, dronken oprechte kruidenbitter, aten daarna erwtensoep en werden er misselijk van.

De ware toerist vraagt niet om goed weer, hij weet dat steden het mooist zijn bij regen, Parijs zowel als Amsterdam, en Nederland is toeristisch van betekenis door rare belichtingen. Er waren belichtingen genoeg in Utrecht. De Oude Gracht aflopend knipperden we tegen de schelle, lage winterzon en de fietsers die wij tegenkwamen reden ons bijna omver, want het stormde en hagelde tevens. *Wij* konden niets zien door de zon, *zij* niets door de hagel.

Al was dat stuk gracht, met fietsers en lage provinciale winkels, niet bepaald mooi, een bedorven verleden, en al was het koud, ik had een gevoel van rijkdom. Men stopt in een trein, rijdt een kwartier en is in een andere wereld. De Amerikaanse kunsthistoricus die ik in Madrid ontmoette zei: 'Als Amerikanen naar Europa gaan, verbazen ze zich dat ze een paar uur vliegen en in een ander land aankomen. Je moet naar Amerika. Wanneer je een paar uur hebt gevlogen kom je in een precies dezelfde stad aan.' Hij onderschatte Europa nog, men hoeft enkel een kwartier in een trein te zitten.

De grachten maken zich in Utrecht heel diep, leven daar beneden een eigen, nijvere existentie, suggereren dat zij niets van doen hebben met de bebouwing. Ze zijn zichzelf in de diepte, hebben daar hun eigen wetten, ongewone maar diepzinnige wetten waaraan ook doden en ratten zich moeten houden.

Zo diep als Utrecht is door die verzonken grachten, zo hoog is het door de Domtoren, een middeleeuwse stad, die liggend op vlak land zich aanstelt of zij van de singels uit, over de afgronden van de grachten heen, zich verheft naar een berg, een gotische stad, tegen de natuur in verzot op het verticale. In het restant van de Dom, dat sublieme koor, groeit men met de pijlers mee, buigt het hoofd bij het vertrek en staat naar de toren te kijken als een giraffe.

Is die toren eigenlijk mooi? Waarlijk hij verheft zich, hij rijst op, hij is alsmaar bezig om van een hurkende houding over te gaan in een staan op de tenen, de armen gestrekt de lucht in, een barre gymnastiek. Kolossaal en eenzaam is hij, men voelt zich onwennig, maar als men door de stad dwaalt en telkens zijn lange, ranke, sierlijke bovenstuk ziet, raakt men met hem en de middeleeuwen vertrouwd.

Zo hoorde het, de kerk in het midden, wij allen ons vroom op de toren oriënterend, van nature katholiek; en de oude kerken in Utrecht zijn protestant. Ik bleef het vreemd vinden. Wat doen protestanten in een Dom, en in een snoezig diepgrijs kerkje dat aan Sint Jan is gewijd en in de boze Buurkerk die eruitziet of hij zijn geloof beter had kunnen verdedigen, wat doen protestanten in een zo katholieke stad? De stenen verzetten zich tegen hen nu de katholieken het niet meer doen.

Het Centraal Museum is een vroom museum. Christus lijdt er afschuwelijk, hij wordt er gegeseld, hij wordt met het kruis beladen, hij valt er een hele trap mee af, hij wordt eraan gespijkerd, hij sterft verdekt met bloed, hij ligt als een walgelijk lijk op Maria's schoot. Maar het erbarmelijkst is het middeleeuwse beeld van Christus op de koude steen: een magere, naakte, afgetobde man, de handen gebonden, een doornenkroon op het hoofd, zit volkomen verloren, het gezicht vertrokken, de ogen gesloten, zomaar op een stuk rots. Vaak wordt hij ook in een graf gelegd en een enkele keer staat hij eruit op — als uit een bad. De gruwelen die zij uit de werkelijkheid kenden beeldden zij aangrijpend uit, de realisten, het wonder werd bespottelijk.

Ietwat beklemd gingen we verder, Jan van Scorels Madonna met de mollige baby verzoende ons meer dan de kerkgewaden, en dat er geen religieuze barok volgde op dit alles bedroefde ons, zo katholiek waren we al geworden. Het geloof is creatief geweest in Utrecht, lang lang geleden, en we waren blij om te zien dat het tenminste ook creatief is geweest in Termotes moderne ruiterstandbeeld op het Janskerkhof: Willebrord, tenger en in zichzelf gekeerd op een groot, sterk boerenpaard, heel reëel maar met symbolische zin. Hoe ziek de gelovige, het geloof draagt hem.

Langs de Maliesingel, met door kale bomen beminnenswaardige kijkjes op de oude stad, komt men op de Maliebaan en haalt opgelucht adem. Patriciërshuizen uit de achttiende eeuw, pikant geplaatst aan de diepe grachten, hadden ons al voorbereid op dat brede, achttiende-eeuwse, wijs beboomde veld, deftig als Den Haag en godzijdank niet vroom. Opgelucht bekeken we het met liefde en smaak ingerichte museum voor de moderne kunst. Er is een stijlkamer uit het begin van de eeuw in: donkere betimmeringen naar ontwerp van Lion Cachet, voorwerpen van Eisenloeffel, beeldjes van Mendes da Costa. Het is er rustig, verstandig en op verkeerde gronden optimistisch. Maar men vergeet er Christus op de koude steen.

Op weg naar Vlissingen passeert de trein het Brabantse dorp Oudenbosch en daar grinnikt een beschaafd mens. Er staan in het dorp, dat Klein Rome wilde zijn, goed vanuit de trein te zien, twee imitaties van Romeinse kerken, de Sint Pieter en de Sint Jan van

Lateranen, maar allebei lijken ze meer op enorme souvenirs dan op Romeinse kerken. Ik grinnikte en toen reden we al gauw Zeeland binnen: lange, grauwe wintervelden en vierkante appelboomgaarden, erg kaal, aan alle kanten beschermd door dicht naast elkaar geplante, hoge populieren. Zo zijn in Zuid-Europa de kerkhoven aangelegd, maar de populieren zijn dan cypressen en de appels grafzerken. Vruchten en doden moeten oppassen in de wind.

Het station van Vlissingen ligt buiten de stad, bij de haven; wij stonden, door geen populieren beschermd, op de bus te wachten in de snijdende oostenwind, reden door nieuwe wijken die eruitzagen als overal naar het centrum van de stad, constateerden dat het hier eruitzag als nergens en gingen koffie met cognac drinken in een van de weinige cafés die open waren.

Het ging er behaaglijk toe, de mannen praatten er zoals het hoort over de prijs van de vis, over vergane schepen en verdronken loodsen, en pas na enige tijd merkte ik dat een naast mij staande man bezig was mij inlichtingen te verstrekken die ik na dagen verblijf misschien had kunnen begrijpen.

Hij was een bejaarde vrijgezel, zei hij, at voor nog geen vier gulden per week, moest over een uur zijn nieuwe gebit halen en Vlissingen ging te gronde door wanbeleid van de burgemeester onder de dictatuur van Maatschappij De Schelde. De burgemeester verspilde het schaarse geld aan een kapitaal raadhuis en de verplaatsing, steen voor steen, van een oud raadhuis, en aan een bejaardentehuis waar niemand hem dankbaar voor was. Zo duur was het er, dat de AOW-trekkers geen geld overhielden om een broek te kopen. De Schelde, even boos en dom, maakte uit wellust alle andere fabrieken in Vlissingen kapot. Het resultaat? De mensen trokken weg, in groten getale, het raadhuis zou nooit met ambtenaren gevuld kunnen worden, enkel de bejaarden bleven over, in lompen.

Hij was een venijnige oude man, en toch vriendelijk-mededeelzaam zoals alle Zeeuwen; ik bedankte hem en liep het plein op dat Bellamypark heet. Het is een langwerpig plein, pittoresk-slordig bebouwd met huizen van verschillend formaat, naast elkaar gezet als tanden in een onregelmatig gebit, en ze zijn allemaal fris gepleisterd. Aangenaam leidde het ons naar een kleine, drukke vissershaven, laag gelegen achter muren en schotten; alleen de toppen van de masten zagen wij boven de muren uitsteken. Een vrouw in het juiste kostuum stond aan een stalletje vers aangevoerde vis te verkopen.

Vandaar stijgt men naar de boulevard. Kijkt men om dan ziet men achter de kleurige masten van de vissersschepen, de lage witte huizen, de antieke kerktoren, al die liefelijkheid, de kranen van de scheepswerf bewegen met de monsterlijke elegantie van olifanten, heel zonderling. Ik keek voor mij uit en aan de overkant van de Westerschelde stortte zojuist de Heilige Geest zich ver weg over Breskens uit; achter, onder de wolken door daalden dikke zonnestralen, een waaier vormend, overrompelend neer op het nietige stadje, en met dit beeld vierde men in de barokke schilderkunst Pinksteren.

Het water was vlak al klotste het gelukkig tegen de oever; vissersschepen, kustvaarders, grote zeeschepen, tankers voeren snel voorbij, dicht onder de kust, en achter het dof schitterende watervlak, onder de geweldige hemel lag steeds het gezegende stadje. Ik liep de brede boulevard, die sierlijk kronkelend naar een klein strand en lage duinen leidt. Op een benedenverdieping, achter een gewoon huiskamerraam, was een man heel technisch door een verrekijker aan het turen naar schepen die konden vergaan, in de luwte van een sociëteit voor loodsen stonden oude mannen met petten op bij elkaar en keken naar het water, de masten van een kort geleden gezonken Grieks schip staken uit zee. Op trottoirs, door niemand bewandeld, rolschaatsten met rood gewaaide gezichten dappere kinderen.

In de zomer zal het hier druk zijn met toeristen; nu waren de cafés gesloten en de hotels maakten zich ijverig vervend op voor het nieuwe seizoen. Ook in het museum werd geschilderd; we bekeken er oude tegelplateaus en het touwslagerswiel waar Michieltje in blauwgeruite kiel aan had gedraaid, lang geleden, we zagen vanuit ons hotelraam de zon in rode avondwolken verdwijnen, luisterden tevreden naar het brave getjok van schepen en aten vers aangevoerde mosselen, in verrassende harmonie met het leven.

Op een donderdag namen wij de bus naar Middelburg om de donderdagse markt te zien. Het was koud, het land was lelijk, de nieuwe huizen langs de weg zagen er even dom uit als alle nieuwe huizen langs alle wegen. Twee hoge torens van oud model, zonder twijfel de Lange Jan en de Raadhuistoren, staken ineens boven vriendelijke daken uit, ons conservatieve hart sprong op, we stapten uit en gingen kijken.

Op de Markt, waar het echt markt was, wordt men beziggehouden door het grote, laat-gotische gebouw, een enorm bijou, maar eens moet men zich omdraaien. Dat na de oorlog de antiquiteiten gereconstrueerd zijn lijkt mij respectabel; dat zij zijn omringd door architectuur van zo voorbeeldig onbenul lijkt me moeilijk te vergeven.

Boos liepen we naar de Abdij, wandelden door het imposante complex en dachten aan dat reclamebordje in een Rotterdamse etalage: ANTIEK, gegarandeerd nieuw. We wandelden door een kopie, alles glom en blonk van nieuwheid, de geur van verse verf hing in de hoven, het cement was nog nat. Hoe lang zal het duren voor die prachtige gebouwen oud zijn?

Ondanks de gênante bouwkunde van de Delftse School is Middelburg mooi. Het wijde veld van de Dam met deftige, achttiende-eeuwse huizen, de Binnenhaven waarin boomstammen dreven, de kleine straten, vrij breed, vrij stijf, om er in geklede jas en gesteven hemd kaarsrecht doorheen te lopen, een notabel — Middelburg is een rustige stad van goed humeur.

Het heeft een sociëteit waar de notabelen beschaafde borrels drinken en ik maakte daar kennis met mannen die elkaar in goed humeur plaagden. Er waren advocaten die zich lieten plagen vanwege hun duistere beroep, ik liet mij plagen omdat het mijne nog veel dubieuzer is. Zoals we elkaar dertig jaar geleden vriendschappelijk stompen zouden hebben gegeven op de speelplaats van de school, zo maakten we nu elkanders broodwinningen verdacht, een genoeglijke bezigheid.

Ik ontmoette autochtone Zeeuwen, een vervoersbestuurder uit Amsterdam, en een geestdriftige Rotterdammer, die met verscheurd gemoed het zijne deed aan de ontwikkeling van Zeeland. De Middelburgers praatten zoals men in Middelburg moet praten, zij wilden liever niet dat Zeeland ontwikkeld werd. Industrie, stank als in Pernis, terwijl nergens in Nederland de lucht zo zuiver is. Nog meer toerisme, terwijl al zoveel lange smalle lanen, karakteristiek voor het landschap, zijn vervangen door snelwegen. Nee, zeiden zij, de burgemeester van Terneuzen is een energiek man, laat hij zijn stadje opstoten in de vaart der volkeren, maar spaar ons, geef ons geen dynamische commissaris terug voor degene die we verloren hebben, een patriarchale regent die van een borrel hield en alle tweehonderdtachtigduizend Zeeuwen bij naam en toenaam kende, en laat het Sloegebied liever leeg blijven.

Het leek mij een waardig standpunt en ik reed naar Veere, mij conservatiever voelend dan ooit. 'Wees Veere waard, rijd bedaard' stond bij de ingang van het stadje; er reed overigens niemand, er was helemaal niemand in leven behalve een kleine oude man, die moeizaam mompelend op klompen door de lege straten schuifelde. Ik kwam hem telkens weer tegen terwijl ik de bordjes met straatnamen in gotische letters bekeek en de Schotse huizen en het schitterende slanke Raadhuistorentje en de mallotige kerk en de haven waar zeiljachten op de zomer lagen te wachten en in de Campveerse Toren koffie dronk, zoals het behoort, met uitzicht op vermoord water. Twee dames zaten hard te praten in de ene nis, waarom praten dames toch altijd zo hard; in de andere nis zat Hemingway, waarom zit hij toch altijd op pittoreske plekjes. Toen ik buitenkwam scharrelde het oude mannetje mompelend voorbij, ik vertrok in een lege bus.

Een dame die ik later sprak zei: 'Bruine vissersschepen stonden Veere beter dan die zeiljachten, maar voor de recreatie is het belangrijk gebied. Weet u wat een meisje zei dat ik heb rondgeleid?

“Als ik hier eeuwig moest leven zou ik doodgaan”.’

Nog duizelend van die diepzinnige formulering bezon ik mij dat ik de donderdagse markt niet had bezichtigd, waarvoor mijn donderdag bestemd was. Het was bij de vele stalletjes ontzettend koud en erg leeg op langzaam spelende, goedgeluimde kinderen na, ik ging een kroeg binnen. Marktkooplui zaten daar luid glazen bier te drinken. Twee mannen op klompen gaven elkaar geweldige handen, en een van hen begon te praten in prachtig Zeeuws, een diepvroom man. Hij zei: ‘Ik dacht vanmorgen: zal ik maar in bed blijven, er is toch niets te doen hè, maar ik ben opgestaan en ik heb geen handel gehad, de mens wikt God beschikt.’

Het station, onvervalst Van Ravesteyn-rococo, staat in Vlissingen op een rauw terrein. Nergens in ons land detoneren de krullen, slierten en beelden gekker dan hier. Want de trein eindigt waar hij inderdaad niet meer verder kan, bij water, en het altijd omstormde gebouw houdt in zijn eentje de eer van de cultuur op tussen kranen, watervlaktes, huiverige wachthokjes, verkeersborden, parkeerterreinen, aanlegsteigers en veerboten.

Met het uur meer behoudend vroeg ik mij af wat Nederland zal zijn zonder veerboten, wat het zal zijn als door dammen en bruggen de laatste respectabele gebieden voor een barre toekomst zijn ontsloten, de koeien geslacht, de vissers vermoord, de boeren naar Australië verzonden, en hoe onze kindskinderen dan een relatie zullen vinden met de Gouden Eeuw.

Nu lijkt het enorme schip ‘Prinses Irene’ niet zo heel erg op Van Ruysdaels ponteveer, maar met een beetje goede wil voelt men zich toch varen. Er is allerlei geraas en gerammel aan boord, er is enkel wijd water met schepen te zien, mannen met zeemanspetten op verrichten standsbewust hun oude handelingen. Ach, men is al varend met welbehagen Nederlander, een ongebruikelijke sensatie want zelfverachting is ons redelijk deel na eeuwen van zelfverheffing.

Zo kwamen we dan, erfgenamen van Michiel Adriaensz. de Ruyter, in het brave Breskens, en het leven staat voor niets. Het was laag water, er werd in het haventje een schip geladen dat zomaar in de modder lag, en die modder stonk. Stonk als in Olhâo. We hadden acht maanden geleden in het vissersplaatsje aan Portugals zuidkust met weemoedige Portugezen gepraat over de ondergang van hun land dat zich niet ontwikkelt, en daar weemoed ons levensgevoel is betreurden wij nu de ontwikkeling. Een beetje dwaas leek ons dat wel, we bekeken een duin en een strand met slib en namen de bus.

Het woei niet zo heel erg, de winterzon straalde op zijn manier in een duidelijk blauwe hemel en we reden prachtig over smalle, kronkelende dijken met links en rechts de lager gelegen velden, lichte plekken sneeuw op de zwarte aardklonten, akkerzeeën met zilveren kopjes, echt om blij mee te zijn. In Biervliet stond een molen op een terp en alles heette er naar Willem Beukelszoon de haringkaker, in Philippine dacht niemand aan iets anders dan mosselen en die aten we dan maar, bij Sluiskil werden we gekwetst door industrie, in Hulst vergaten we die gemakkelijk.

Het is een merkwaardig stadje, omwald sinds het begin van de zeventiende eeuw, met negen bolwerken in het stijve keurslijf. Een onderwijzer joeg zijn jongensklas in razend tempo al die wallen en bolwerken over terwijl de oostenwind snijdend begon te razen, men leeft hier gezond. Wij deden vier bolwerken, keken over de vredige grachten heen naar vrolijke nieuwbouw verderop want de tijd staat helaas niet stil, daalden verkleumd af en bezichtigden de monumenten: een heel lieve vijftiende-eeuwse kerk en een plomp maar vriendelijk raadhuis, tegenover elkaar aan een sympathiek plein gelegen. Met zijn torenspitsen heeft Hulst geen geluk gehad. Op de Raadhuistoren staat iets raars dat uit de vorige eeuw moet dateren, de kerktoren is voorzien van een betonnen spits, duidelijk, bewust modern en toch aangepast aan stijl, een uiterst beschaafde grap.

We namen de bus en reden over wegen die Eerste verkorting, Tweede verkorting en Derde verkorting heten, zo fantasieloos dat een fantast als Bordewijk trots zou zijn geweest op de vondst. We wilden niet naar de plaatsen Nummer een, Koewacht of Kijkuit, wie verzint zoiets, maar naar het actieve Terneuzen. Er was telkens een eender uitzicht te bewonderen vanaf de Eerste verkorting: een lange, kaarsrechte, heel smalle laan met hoge bomen leidde door het lege land eindeloos naar een klein plomp huis.

Het was spitsuur in Terneuzen, in de havens lagen stakende binnenschepen, het was er koud, laag, lelijk en we hadden zo veel kleine huizen en kleine kerken gezien dat we ons heil zochten in een kroegje, bij kleine glazen. Hoe internationaal! Jonge Noren dronken er gin-tonic, de waard vroeg ons oordeel over een schilderij en aan de tap hing een scheepsklok die al drie dagen vergeefs had geprobeerd aan jenever de besluitvaardigheid te onttrekken om naar IJsselmonde te gaan. We lieten hem vrolijk tandeknarsend achter en stapten op een echte veerboot, een klein scherp schip dat achteruitvarend snel de haven van Terneuzen verliet. Ik stond op de voorplecht, een zeer koude vaderlander, zag de lichtjes van Terneuzen vol nationaal bewustzijn verdwijnen, at in een ouderwetse salon tomatensoep tussen mannen op klompen die luid kaart speelden en wilde liever een eeuw terug dan een eeuw verder.

Vlissingen verlaat men met hartzeer, het is er zo aangenaam ademen. De laatste avond, het was zaterdag, waren de doordeweeks gesloten kroegen vol genoeglijke dronkelieden, maar de dikke dame die de jukebox zingend begeleidde had geen echt Zeeuws lied uitgezocht. Net als in de Jordaankroeg waar ik vaak kom Tante Saan en Opoe zong zij 'In der mondhellen Nacht ist ein Mädchen erwacht', detonerend.

Een gepensioneerde loods, wie geen borrel te hoog ging, beschreef ons de stormen die hij had meegemaakt, hier in Vlissingen, en hij hield van stormen. Met foto's zou hij kunnen bewijzen hoe hoog het water was gekomen en hoe het langs de trappen de stad was binnengestroomd. Hij was een kindervriend. 'De kleine gasten natuurlijk ernaar toe,' zei hij, 'ze waren ineens schoon.' Met kennelijke spijt besloot hij: 'Nu kan het niet meer.'

Met weemoed vertrokken we. Het water van de Schelde, heel vlak in de oostenwind, had door westerstormen opgejaagd moeten worden, dat hadden we gemist. In Zeeuws-Vlaanderen hadden we, lopend of fietsend, gestorven haventjes moeten bezichtigen, zei een kenner, die hadden we gemist. Verwijtend zei een andere kenner, dat we met een loodsbootje hadden moeten meevaren, ook dat hadden we gemist. Volkomen overtuigd van hun gelijk gingen we een van de langste reizen maken die in eigen land mogelijk zijn: naar Groningen. En ik had, starend uit de trein, de indruk dat ik alles miste.

Lelijk grauw land met lelijke nieuwe huizen, lelijke grauwe zondagse mensen, lelijke dunne sneeuw, Rotterdam-Zuid lelijker dan ooit, de Nieuwe Maas zoveel smaller dan de Westerschelde, de binnenstad een wereldtentoonstelling in opbouw, Rotterdam-Noord om voorgoed de ogen te sluiten, Gouda miezerig, Woerden burgerlijk, Utrecht naargeestig. Eindelijk langs de Veluwe fatsoenlijke bomen en zand, maar ik was het vaderland al zo gaan verafschuwen dat het niet hielp. Woedend stapte ik in Zwolle uit. Wat doet men in Zwolle op zondag? Men doet er kennelijk niets.

In het eerstbeste café landerig peinzend viel mijn oog op een folder, een 'nooduitgave van de vvv', wat dat dan ook mag zijn, en de titel was *Zwolle in één uur*. De toerist in mij ontwaakte; verrast door de bescheidenheid van de stad, bekoord door het glasheldere schoolmeestersproza deed ik Zwolle in één uur, heel gehoorzaam, voor, links, rechts, achteruit kijkend zoals de gids voorschreef. Er stonden overigens pijnlijke dingen in de folder. 'Let op de mooie tinten in het voorjaar en herfst' las ik bedroefd, want grauw koud winterweer was mijn deel, met pieterige sneeuw.

In Zwolle heeft men de Sassenpoort, in 1408 gebouwd, opwekkend raar, met vijf torens dicht tegen elkaar aangedrukt alsof zij het koud hebben. Men heeft er de fikse Bethlehemskerk, de vreemde renaissance-gevel van het huis van Karel V, de heel mooie en gevarieerde Grote Kerk uit de vijftiende eeuw, de heel lelijke en saaie 'Peperbus', de Melkmarkt en de Lauwermansgang.

'U schrikt even terug voor dit nauwe steegje. Niet nodig, u kunt er veilig door lopen,' las ik in de folder. Zulke geruststellingen zijn verdacht; wanneer vvv's de toeristen moed in gaan spreken dreigt er gevaar; we stonden lang te aarzelen en renden toen in gestrekte draf de Lauwermansgang door die gelukkig maar kort bleek. Bijna aan het eind ervan gekomen moesten we van het gidsje nog eens omkijken naar de Peperbus. We deden het met luid kloppend hart, en inderdaad, zo was de Peperbus best aardig. Nu ja, iedere toren is omlijst door steegwanden best aardig.

Huizen met overkragingen zagen we, havens, de mooie Broerenkerk, en we liepen onder een steunbalk door de Hagelstraat. Er is veel liefs in Zwolle. Wat is 'provincie'? Ik geloof dat dankzij Flaubert het begrip zijn landerig-dramatische betekenis heeft gekregen en dat zowel zijn navolgers als de mannen van de film noir het thema hebben vastgelegd. Provincie is verveling, slecht humeur, buren beloeren, seksuele frustratie, familiare beklemming, erfenisruzies, burgerlijke geborneerdheid, dubbele moraal, maar vooral verveling en slecht humeur. De steden in Zeeland zijn provinciesteden, en wat zal zich achter die gevels afspelen, maar in het gruwelijke winterbeeld van 'Une si jolie petite plage' is Vlissingen in de winter onmogelijk te herkennen.

In Zwolle overviel ons, goed voorbereid door de sombere treinreis, alle beklemming van de provincie. Kinderen, jongelui, zich stierlijk vervelend, hingen in zondagse kleren bij de straathoeken en verlangden naar vermaak, maar het enige vermaak dat zij blijkbaar aantrekkelijk vonden was leedvermaak. Zij stonden er om uit te lachen. En hoe belachelijk nietwaar is een man, die op het trottoir voor Hotel Dijkstra staande naar het prachtige front van de Grote Kerk kijkt, zoals de folder terecht voorschrijft. Hoe belachelijk! Ik heb de jeugd van Zwolle een goed uur van hoon bezorgd door de opdrachten van haar eigen VVV te vervullen.

Groningen is een prettige stad, dat weet iedereen. Men vindt er het grootstedelijk comfort van mooie winkels en cafés zonder de grootstedelijke ellende van verzenuwd verkeer en men leeft er op overzichtelijke schaal zonder de provinciale ellende van verveling. Het is kennelijk een stad die de mensen past als een goedzittend pak; geen kwaad woord over Groningen.

Bij al zijn gerief is het overigens een merkwaardig nuchtere stad, precies bij de tijd, niet wegdromend in het verleden, niet reikhalzend naar de toekomst.

Er is verleden genoeg in Groningen. Vanaf alle toegangswegen ziet men de Martinitoren; de oude kerk, het monumentale, klassicistische raadhuis, het Goudkantoor domineren de Grote Markt; achter de Martini gaat het goed antiek toe, en overal in de stad zijn resten van oude, degelijke deftigheid. Maar dit verleden straalt niet, maakt zichzelf niet interessant, blaast zich niet op zoals in Amsterdam.

Er is ook toekomst genoeg in Groningen. Bij de herbouw van de Grote Markt heeft men moderniteit gekozen boven reconstructie, het is duidelijk te zien. Maar zelfs het zo gewaagde (nauwelijks geslaagde) avontuur van de hypermoderne luchtbrug die op de meest prominente plek van de stad het raadhuis uit 1810 verbindt met het Goudkantoor uit 1635 en met daarnaast een gloednieuw, blinkend pand heeft iets pretentieloos. De toekomst straalt niet, maakt zichzelf niet interessant, blaast zich niet op zoals in Rotterdam.

Nuchter en bij de tijd, zo doet de stad aan. Of komt het door de mensen? Ze zagen er nogal nuchter uit in het kleurloze winterweer...

'De stad is de moeite waard,' had een Groninger mij in Amsterdam verteld, 'maar je moet iemand vinden die je naar de kleine dorpen in het noorden rijdt.' Bewogen noemde hij de knorrige namen: Dorkwerd, Garnwerd, Oostrum, Fransum, Ezinge. 'Oude nederzettingen,' zei hij, 'terpdorpen op oud Gronings kleigebied, volkomen uniek.'

Een vriend verklaarde zich onmiddellijk bereid om de tocht te maken. Het was die dag krachtig Nederlands weer, met wisselende bewolkingen en vlagen schuin zonlicht, en we reden door leeg land, zwaar zwart land, en kwamen verbluft in Dorkwerd, dat bestaat uit een pastorie, een kerkhof en een kerk, op een terp gelegen.

Het pad naar het kerkje was duidelijk van oude Groningse klei, het duurt dagen voor men die van zijn schoenen krijgt. Het kerkje was van een verweerde, boerse lieflijkheid, onder de grafzerken lagen doden die in dorpen met knorrige namen waren geboren en gestorven. Een paar kale bomen, een paar dikke kippen. En om ons heen dat eindeloze land, totaal anders dan in Zeeland en Zuid-Holland, waar het uitzicht telkens wordt gebroken door bomen of bouwsels of sloten. Beweeglijke akkers van zwarte aardkluiten, dorgroene weiden zover we konden zien, aan alle kanten, en hier en daar prachtige boerderijen met zelfbewuste voorhuizen en hoge schuinbedaakte schuren eraan vast gebouwd. Huizen stáán. De Groningse boerderijen liggen, zwaar, schuiven de horizon iets naar boven maar sluiten hem niet af. Het was hier om niet meer weg te gaan.

Een heel klein roodwangig jongetje sjouwde de tuin van de pastorie door met een grote kip in zijn armen en hij begon een gesprek. Hij legde ons uit waar de haan was en hoe de wind de tuiten van het kippenhok had ingeblazen en liet ons zien dat hij de kip eigenlijk niet hoefde te dragen, het dier kon lopen. Hij kwam kennelijk conversatie te kort, wilde ons vasthouden, maar was tevredengesteld met de twee woorden, dat hij ze bleef herhalen. 'Tot ziens, tot ziens,' zei hij vriendelijk terwijl wij over de oude Groningse klei terugglibberden naar de weg, en toen zei hij ineens: 'Doe de groeten aan mamma.' Het klonk nogal triest in de leegte.

Over lege wegen reden we verder door dat overweldigende land, en kwamen in Garnwerd, waar weer zo'n naïeve oude kerk staat. Boven de deur kan men lezen:

> In den jare MDCLI is deze toren gebouwd
> Door Garnwerder en Oostumer Collatoren
> Is deze steen, wier deel schier was verloren
> Vernieuwd en in zijn ouden stand hersteld
> Toen achttienhonderd met zestien werd geteld.

Een mooi gedicht, in mooie letters gekalligrafeerd, en onze blik dwaalde langs de deur en trof daar een bijzonder nuchter blauw naambordje: *Burg. Brouwersstraat 1*... De Garnwerder Collatoren moesten er op rijm tegen protesteren.

Telkens in dat landschap kleine dorpen met mooi plompe kerken en losse torens en blauwe wijzerplaten met witte wijzers. We dwaalden langs het Reitdiep, door Winsum, Oostrum, Warffum, Baflo, duizelend van ruimte en stilte, en dat we de zee naderden zagen we aan de door de wind gebogen bomen. Zo kwamen we in Zoutkamp, kleine vissershaven, klommen de dijk op en keken over zeer Nederlands gebied van half gewonnen land en zee, vlak, eindeloos, onder een hemel van dikke wolken die wit waren van scherp zonlicht.

Grauw winterweer, ideaal voor veenkoloniën, ik verheugde mij op een dag van uitgelezen somberheid. De bus die wij hadden gekozen zou na vele jaren eindelijk beeld geven aan wat wij op de lagere school hadden geleerd. Waarom maakt overigens, het is statistisch bewezen, juist de rij van Groningse plaatsnamen zo'n onvergetelijke indruk op de kinderziel? Omdat de lange regel zo lekker dreunt? Hoogezand, Sappemeer, Zuidbroek, Veendam, Wildervank, Stadskanaal, Musselkanaal, Ter Apel, we reden een aardrijkskundeles, helemaal ingesteld op droefenis.

Nu is het langs het Winschoterdiep bepaald niet droef, er zijn daar scheepswerven en die zijn mooi. Maar bij Hoogezand begint dan de lintbebouwing en ik keek de moeder die de lege bus binnenkwam met het nodige medelijden aan. Zij vermaande haar kind vrolijk, in onverstaanbaar knarsend Gronings, en zag er niet uit of de lintbebouwing haar op de zenuwen werkte. In Veendam zaten we een half uur in een vrolijke wachtkamer tussen mensen, die naar de maatstaven van Hollywood, de Champs Elysées en het Leidseplein moeilijk mooi genoemd konden worden, links lang, sluik, lerig behuid; om begrijpelijke redenen hing er geen spiegel in de wc.

Veendam bleek echt een stad, heel nieuw, met veel scholen, en in de bus knarste hoog kinder-Gronings terwijl we naar Wildervank reden dat ons stil maakte: die ene, eindeloze kanaalweg met genummerde zijstraten van twee huizen diep. Voorbij de 53ste of

67ste laan sloegen we af naar Stadskanaal dat er op een plattegrond moet uitzien als een lange, gestrekte slang met een konijn in de buik. Want men heeft waarachtig in onze verlichte tijd er een centrum aangebouwd, met winkels en busstations, dat *meters* het land in gaat. Een hoek om en men is in Musselkanaal, een volgende hoek in Ter Apelkanaal.

De droefenis kwam niet. Het zal hier bar zijn geweest in voorbije jaren, maar de huizen die wij zagen waren proper en nieuw en de centra hadden de huiselijke, lieve frisheid van onze nieuwbouw.

Tot nu toe had ik die gehaat. De na de oorlog gebouwde woonwijken van nieuwe steen en blinkend hout hadden mijn verzet gewekt. Het leek mij dat onze historische kleinburgerlijkheid zich er al te manifest in uitte en dat men heel wat boeiender kon leven in een krot dan in een nauwe flat met natte cel, leefwarmte, een werkbank voor doe-het-zelf, overal glas en overal uitzicht op een groengordel. Leugenachtig had ik die brave sfeer van gelukkigheid gevonden, volksmisleiding. Liever harde woonkazernes waarin de revolutie complotteert dan de wijkgedachte, dat opium voor het volk. Liever iets groots, onzinnigs, moeilijks, liever onnutte pronk en praal dan deze onderworpen tevredenheid. Liever geen geluk dan dit.

Uitgerekend Stadskanaal bracht mij ertoe genuanceerder te gaan denken. Hier was het winkelcentrum zo fris en vriendelijk, met erachter dat grauwe land en ervoor dat stomme kanaal, hier demonstreerde het inderdaad kleur, bouwlust en levensvreugde.

Over deze plaatsen is overigens heel lang na te denken, en er komt een tijd dat Monumentenzorg zich erover ontfermt en het maken van winkelcentra verbiedt. Onze gerenommeerde nuchterheid, burgerlijkheid, fantasieloosheid hebben hier een fascinerend curiosum opgeleverd; het mag niet verloren gaan. Onze zakelijkheid heeft nimmer een geschifter resultaat gehad.

Alsmaar langs dode kanalen en kleine huizen rijdend, halverwege Ter Apelkanaal in slaap vallend, komt men in Ter Apel, loopt een eindje, uiteraard langs het kanaal, zwenkt een bosweg op en staat voor een antiquiteit: het klooster, helemaal gerestaureerd, alsof het met de nieuwbouw moest concurreren. Het is een hoog gebouw van simpele schoonheid, na de beeldenstorm voor onttakeling bewaard omdat de prior ook nu zijn monniken voorging, dominee werd, trouwde en kinderen verwekte. Het klooster was protestant geworden. In het begin van de zeventiende eeuw kocht de stad Groningen het; in de jaren dertig van onze eeuw werd het met eerbied gerestaureerd door de stadsarchitect die er begraven had willen worden, zo was hij zijn klooster gaan liefhebben. Het mocht niet, natuurlijk mocht het niet, hoe had het kunnen mogen. Een rijm op een gedenkraam vermeldt dat zijn lichaam elders, maar zijn geest hier is; zo bevordert de wetgevende macht het dualistische denken.

We volgden de koster, een geestdriftig en nauwgezet man, die ons dit alles en nog veel meer vertelde tijdens de bezichtiging, en ons ook wees op de papiertjes die hij op de kostbaarheden had geplakt. In schoolschrift lazen wij: 'Spaart de oudheden' en 'Alles zien, niets aanraken'. We hebben de oudheden dit keer dan maar gespaard, zij waren trouwens meer merkwaardig dan mooi.

En we reden naar Winschoten, langs bomen op zandgrond, liepen Winschoten in, voelden ons in dat overdreven nuchtere stadje werkelijk ietwat wanhopig, dronken ergens thee, sliepen bijna in en schrokken wakker omdat iemand luid Gronings naast ons begon te praten. Maar het was een deur die op stroeve scharnieren openwaaide.

Geen kwaad woord over Groningen, het is een prettige stad. En de Groningers? Men kan het best met hen uithouden, alle vaderlandse deugden en ondeugden zijn bij hen op de spits gedreven.

Zo zien ze er ook uit, groot, breed, sluikblond, rood van huid, glimmend gewassen, en zo gedragen zij zich ook, op de man af, zonder veel woorden, onhandig en verlegen. Wie zich Nederlander wil voelen moet naar Groningen gaan. Wij wonen niet zo erg lekker in onze lichamen en als we toevallig onze armen en handen niet nodig hebben, waar bergen we die dan op? We zouden het liefst ons lichaam, keurig gedemonteerd, in een tas bij ons dragen en er telkens de nodige instrumenten, handen, benen, voeten, uit halen. Ze slingeren nu zo hinderlijk om ons heen.

Dit vaderlandse onbehagen wordt in Groningen het duidelijkst gedemonstreerd. Ik zag in een kroeg twee mannen zich ernstig bedrinken, zwijgend, boeren of handelaren die naar de stad waren gekomen. Ze hadden huiden van dik leer die helemaal niet pasten en het was tragisch om te zien hoe zij hun glazen naar hun mond brachten: hand, glas en mond waren alle drie industrieprodukten, een tang pakte het glas en goot de inhoud in een vat.

Onze nationale neuroses, hoe fraai laten de Groningers ze zien! Ze zijn zo verlegen, dat hun goed geboende gezichten om het minste of geringste door een blos worden overtrokken, en omdat ze zich daarover schamen blozen ze nog wat dieper. Ze zijn zo onzeker, dat ze om het minste of geringste beledigd zijn, kwaad rood worden, zenuwachtig aan hun lichaam sjorren en iets stuurs zeggen. Op het land zijn veel stille drinkers, zei men, en ik geloofde het graag; het moet wel een mooie ondergang zijn, broeierig brandewijn zuipend terwijl men tuurt over lang zwaar land onder een zware hemel, en een zo vaderlandse ondergang.

Talloze moppen karakteriseren het Groningse volkskarakter, dat het onze is in reincultuur. God schiep de Chinees en deze boog diep en dankte Hem voor zijn bestaan. God schiep de neger en deze viel op de knieën en dankte Hem voor zijn leven. Zo ging het vroom verder en God schiep de Groningse boer die tot leven gewekt uitriep: 'Wat doe je hier? Vort, van mijn land af.'

Geen kwaad woord over Groningen, men leeft er moeilijk maar kennelijk met voldoende plezier, en dat de Groningers vasthouden aan hun verleden en hun taal siert hen, al klinkt die taal niet opvallend welluidend. Ze schrijven er toneelstukken in die ze zelf spelen, met pauzes waarin koek wordt gegeten en borrels worden gedronken, een uitstekende folklore dunkt me.

Ze zullen nog een heel tijdje zichzelf blijven, mag men hopen, zo koppig zijn ze wel, en wij uit het westen, steeds meer onszelf kwijtrakend, kunnen nu en dan naar Groningen gaan om ons te bezinnen. Dat moeten we doen, telkens weer, en ons schamen over onze karakterloosheid. Onze ergste deugden, onze liefste ondeugden laten wij zomaar verloren gaan ter wille van glad internationalisme.

Amsterdam is een stad die het verdriet van thuiskomen verzoent. Uit de trein zag ik gretig de Sint Nicolaaskerk, een lief gebouw voor wie in zijn land de echte barok node mist, al is het dan barok uit het eind van de vorige eeuw. En met de tram kwam ik gemakkelijk bij de Westerkerk, een van de weinige kerken in Europa die men van alle kanten met genoegen kan bekijken, en liep de Prinsengracht af naar mijn woning in de Jordaan.

Het is interessant om er te wonen. Men leeft er een heel klein beetje als in Zuid-Europa, gastvrij, opgewonden, royaal, kort van geheugen, familieziek, en net als in Zuid-Europa zijn de families meestal erg ingewikkeld opgebouwd, met weggelopen vrouwen of mannen die voor schut zitten, tweede en derde moeders, er is geen wijs uit te worden. Net als in Zuid-Europa noemt iedereen iedereen bij de voornaam, en de wat ouderen noemt men Ome en Tante, heel gezellig maar niet bepaald overzichtelijk. Men maakt er graag ruzie, men huilt er met groot genoegen, men walst er verfijnd, men vertelt er spontaan zijn levensgeschiedenis, meestal geheel onbegrijpelijk, men houdt er van drank, men is er ongegeneerd democratisch als in Griekenland, eigengereid, grof in de mond, hulpvaardig, bereid tot vlagen vriendschap en raadselachtige hartstocht. Echt een wijk om van te houden, hij zal dan ook worden afgebroken.

In de kroeg waar ik vaak kom, laat in de avond, om over de woorden van de dagsluiter na te denken, werd ik met zuidelijke hartelijkheid ontvangen. Er was in de veertien dagen van mijn afwezigheid niets opvallends gebeurd, voor zover men zich herinnerde, en we bespraken zoals dikwijls het heroïsche leven van Ome Jan, de alcoholist, die om twaalf uur 's nachts nerveus van plichtsgetrouwheid maar hopeloos dronken naar het hotel wankelde waar hij de vaat moest spoelen. Hoe houdt hij het uit, zeiden wij hoofdschuddend, en bewonderden hem.

De kroegbaas, die niet drinkt omdat hij er niet tegen kan, vertelde over de nieuwe stoelen die hij had gekocht en het plafond dat hij had geverfd, een zachtzinnig gesprek en liet ons zijn vierkleurenballpoint zien. Het leven staat voor niets. In het Portugese vissersstadje Olhão was op een avond van haantjes eten en vinho verde drinken de vriendschap tussen Senhor Ventosa en mij zo overrompelend geworden, dat we elkaar omhelsden en op de rug sloegen. Die kleine, felle klerk haalde een vulpen uit zijn zak en gaf hem mij, ik moest hem aannemen, en toen ik hem de pen teruggaf die ik voor een paar stuivers in Marokka had gekocht zoende hij hem vurig af en bood mij nog een tweede pen aan, een obscene, met een meisje erop dat door eenvoudige omkering ontkleed kon worden. En nu, in ons koude noorden, kreeg ik een vierkleurenballpoint, zij het zonder omhelzingen.

We gingen naar een andere kroeg, ontroerde toeristen, en daar gebeurde alles tegelijk. Twee wankele maar bijzonder opgewekte mannen maakten danspassen, hun glas bier in de hand. Zij kruisten telkens een gezelschap dat ruzie maakte, of eigenlijk met van hartstocht bevende stem beweerde géén ruzie te maken. De belediging die een afwezige een andere afwezige had aangedaan bracht hen in grote opwinding, en ten slotte liet een vrouw het hoofd zakken op de tapkast en begon krijsend te huilen. Men vond algemeen dat de roddelaar de pestpleuris kon krijgen, een lichte ziekte in de Jordaan, men wenst hem personen toe op wie men niet al te boos is. We konden tevreden gaan slapen.

Ik deed het in de overtuiging dat ons land de aandacht waard is, een gevarieerd land, rijkelijk absurd, bevolkt door innig verwante tegenstanders. Vlak voor ik insliep vroeg ik mij af of ik mij er thuis voelde, en ik antwoordde: men mag er zich niet thuis voelen, want dan raakt men betrokken in de onzinnigste conflicten. En mijn laatste gedachte was: wat zou ik ook, ik ben een toerist, ik wil me niet zo thuis voelen.

Gerrit van de Linde

(De Schoolmeester)

Dutch courage

In 1835 vertrok Gerrit van de Linde, de 'Schoolmeester', naar Engeland om er een *private school* te beginnen. Vanaf 1843 woonde hij in het statige Cromwell House in het Londense voorstadje Highgate, waar hij aan kinderen uit de hogere burgerklase onderwijs gaf. Van de Lindes contact met Nederland verliep hoofdzakelijk via zijn beste vriend, de schrijver Jacob van Lennep. Aan Van Lennep zijn dan ook de hier volgende brieven gericht.

The Bank, Highgate
Waarde Van Lennep, Wij leven thands een eeuw in een dag, en zoo de gebeurtenissen van honderd jaren zich in een half etmaal opeenstapelen, zult gij 't mij wel vergeven willen dat nevensgaand vrijmetselaars pak eenig onverhoopt en onwillekeurig oponthoud geleden heeft. Troonen liggen ter neder in 't stof, koningen in 't slijk, (de malle koning van Pruissen in 't vuilst daarvan) de slagboomen des' Aardrijk's zijn verbroken! 'Ende daar zijn teeckenen in de Sonne, ende mane, ende sterren, ende op de aerde benaeuwtheyt der volckeren, met twyffelmoedigheyt, als de zee ende watergolven groot geluyt geven: Ende den mensche het herte beswyckt van vreese, ende verwachtinge der dingen, die het aerdryck sullen overkomen. Want de krachten der hemelen zijn geweegt ge-

worden.' Luke. xx125.26 — Vreeselijke voorspelling, wie ziet niet de aanvang der vervulling! Waar moet dit heen? De wakkere Muscoviet zelf schijnt te deinzen, hij in wien onze hope was; *zijn* gebied keurde men althands veilig tegen vuil oproer en verraderlijken aanslag: 'Sacer est locus, extra meiete.' En Engeland, Engeland alleen, in 't midden der vreesbare schipbreuk, blijft *nog* staande, houdt *nog* edel en moedig stand, *zelfs ná den 10den april*; God alleen weet hoe lang zij 't zal vermogen! Ziedaar dan de tweede maal, in mijn gevalvol leven, dat ik mij tenstrijd gegord zie; niet als vrijwillig jager tegen Belgiesche blaauw hemb-oproerlingen, doch als speciale diender (special constable) tegen Engelsche deezen, gerugsteund, *als van zelf spreekt* door Iersch, Fransch, Poolsch, Italiaansch en Mofsch helbraaksel; thands niet gedoscht in 't maagdverleidend jager pakjen (groen en canarie) doch in een ruimen overjas gedoken, en gewapend, noch met schouder- noch blinkend zijdgeweer, maar met een dikken knuppel, bevoegd om een dollen stier te vellen, mitsgaders een schranderlijk geslepen en vernuftiglijk verholen kort zwaard, 't geen mij reeds driemalen den onderbuik bezeerd en de ingewanden bedreigd heeft. 'T is thands niet die veldslag,...*die minder dagen, dan verwonnen steden telt!*

't Is eenvoudig diender's werk: (voor 't oogenblik) straatstenen in menigte zich naar 't hoofd te zien werpen, van tijd tot tijd een oproerigen ezel naar de wacht voeren, het Albionsch hoermensch, binnen de palen der redelijkheid, zoo niet der zedelijkheid, te dwingen, en aan Engelsche straatjongens te beduiden dat zij, voor als nog, Goddank, geen gamins de Paris, en derhalve geen revolutiemakers ad libitum zijn; ziedaar provisioneel ons werk; *fraai*, edel werk, doch verfoeibaar vervelend. Hiervan echter genoeg voor 't moment; hetzelfde heldenbloed dat ons schotvrij van de Brabandsche Campagne, tot de Leidsche Champagne deed terugkeeren, bruischt mij nog door de aderen, schoon met bezadigder vaart, en heeft mij ook thands weder, ver verwijderd van wachthuis-dienst en straat-gewoel, occasie verschaft om u eenige momenten van mijn kort verlof te consacreren. — Aan 't aan den vloek gewijd Parijs vergeef ik elke dolheid elke snoodheid elk oproer elk verraad; hoe kan de *hedendaagsche* Franschman zich wel anders vertoonen, dan na 't getrouw portrait van den doembaren doch schranderen Arouet: nu eens als aap, dan weder als tijger, doch meestal als een wandrochtlijk samenstel van beiden? Dat, echter heet bejaard, burgerlijk, bezadigd, kousverstellend Holland, zelfs van verre, 't noodlottig voorbeeld van dit Jonah versmadend Nineveh, met alle geweld moest nabootsen verstoort en grieft mij en doet mij bijna denken aan 't Engelsch spreekwoord '*Dutch courage*' (modern) id est: '*Beschonkenheid*'. Doch, 't geen mij boven maat verontwaardigt, is dat zulk zwak en slap en flaauw gespuis, als 't Leidsch gemeen, zulk ziekelijk en aangestoken pooieraars volkjen, zulk besmet vee, 't geen uit wandelen gaat met drie neusgaten en geen neus; dat zulk verpest ongediert zonder verhemelte mede, naar mij 't dagblad aankondigt, den Godtergenden dwaal-schreeuw, den oproergil dezer eeuwen uit het stinkend and schorgezopen keelgat al huilend durft voortrochelen, ja dit gaat verstand en geduld te boven! Verdwijn, ongeneesbaar gebroed, in den draf der stedelijke *huisjens*, te saam met die verachtelijke *quasi*-palingen, die u als hunne natuurlijke canibalen eerbiedigen. Waarom niet een paar fiksche brandspuiten op die keezen-sukkels afgezonden, of Steenhauer gehuurd om ze dood te schelden? En wie zijn die nieuwerwetsche ministers? men leest van een *Schimmel*penning, (fraaie munt, voorwaar,) een leidschen *Luiszak* (denzelfden waarschijnlijk, die meer dan eens met Aart en mij, aan een Siegenbeeksch souper honger heeft geleden) een Donkeren (obscuren) Curtius, die buitentwijfel, te paard of op een graauwtjen, zich in den kuil van 't Hollandsch Forum staat te storten. Allen, kezen, geboren en gezoogd tot nut van al 't *gemeen*; en die Heeren (?) zijn thands uwe patriotten, uw hoop en uitzicht, die 't getrouw Oranje op den mond durven slaan, en 't volk (altijd bereid om gedupeerd te worden) een vergulden kakstoel, valhoed en leiband, als vrijheidsgift bieden. Een engelsche constitutie *voor Holland*! wie (onbezeerd in zijn zinnen) had ooit geduld naar zulk een onrijpe absurditeit het oor te leenen? De constitutie van Engeland, gelijk de liturgij harer kerken, is een meesterstuk van menschelijke wijsheid, onder Goddelijke leiding, doch *speciaal*, en, voor als noch althands, waarschijnlijk *uitsluitend* bestemd vóór *Engeland*. Die constitutie, wat Engeland betreft, grenst bijna aan volmaaktheid; waarom? omdat zij tweeling is met het Engelsch volk, de machtige ontwikkeling van een groot beginsel, waarvan men reeds de sporen vindt in den tijd van Koning Jan, toen Holland noch in de lûren lag, en Graaflijke pap te eeten. Die ontwikkeling had rappen voortgang onder Hendrik III, vervolgens onder 't fiksch en spiervol bestuur zelfs der manhaftige ja manbare Elizabeth, onder dat van den Cavalier-martelaar Karel noch meer, tot zij eindelijk onder den grooten William (Koning van Holland en Stadhouder van Engeland) door God met schitterend succes gezegend en bekroond werd in die onvergeetbare revolutie van 1688-89, de eenige in de rolle der Historie die den naam verdient van groot en edel. Doch wáár zijn voor dit alles de postulaten zelfs te vinden in 't Historie boekjen van Holland? Wáár, in Holland, wijst men mij de school waar 't volk de responsabiliteiten, zoo wel als de privilegien van 't mondig worden geleerd en gewogen heeft? Herinnert u dit plotseling en verdovend gejank der kinderlijke onbedrevenheid, om emancipatie en vrijheid, het droevig geval niet van zekeren *Knottenbelt*, (dien gij wellicht nimmer gekend hebt) die bij het verliezen van zijn maagdom in 't zedelijk Leiden, tevens en te gelijker tijd een kwaadaartige ziekte zich berokkende, die, na hem ettelijke maenden verkankerd en doorvreten te hebben, hem eindelijk in 't graf deed neerstorten. Vergeet vooral niet dat tot de voornaamste en merkwaardigste charactertrekken der Engelsche constitutie *volksvergadering* en *volksdiscussie* behoren. En *hier* zijn beiden onontbeerlijk en hoogstnuttig, omdat het volk, door lange ondervinding, de zaak verstaat, en, door 't keurig evenwicht, der welgewikte politieke weegschaal, elk in zijn plaats *moet* blijven, zonder zijn buren uit de hunne te kunnen elbogen. Nergens dan *hier*, het pedant Moffenland, en vooral het misdadig-dwaze Frankrijk niet uitgezonderd, worden 's volks belangen, door 't Volk zelf, op een redelijke en gezonde manier, *openlijk* behandeld en beredeneerd. Noch kunnen zij 't; doch 't geen in andere staten en staatjens een heilloos, aansteekend vergift is, een moordmes een sluikdolk in de hand des verraderlijken oproerlings, verstrekt *hier*, en *hier* alleen, in de hand van God, een heilzaam tegengift, een reddende veiligheids klep, wanneer de stoom te lastig wordt voor den ketel. Doch wáár hebben mijn, eertijds bezadigde landgenooten, dit alles geleerd en opgedaan? Wat weet men in Holland van volks discussie? Waar vindt gij in de burger- en lagere, enfin in de volksklassen, het gros der natie, zoo gij wilt, zes personen die hun taal genoegzaam kennen om zich daarin met gepastheid en welvoegelijkheid te kunnen verstaanbaar maken; ik zonder *hen* zelfs niet uit, die zich op hun Siegenbeeksch knoei-gerammel en gekras vrij wat laten voorstaan? En wáár vindt gij zes personen die zes minuten, over politieke zaken in 't openbaar, zouden kunnen of zelfs durven *uit* het hoofd spreken, zonder terstond onder de algemeene verdenking te vallen dat zij het *in* 't hoofd hadden? Ik verbeeld' mij licht zulk eene Hollandsche volks, (niet parlementaire voor welke ik alle eerbied heb), doch puur-Nut van 't algemeen- of Verscheidenheid en overeenstemming-volks vergadering.

President. Mijnheeren de vergadering is geopend.

Lid A. Jan, de pijpen en een glaasjen schillen met suiker.

Lid B. Jan, jongelief, wil je aan die twee soezen en dat pruimetaartjen denken die ik voor mijn oudste zoontjen besteld heb.

President Mijnheeren. Ik heb een voorstel, op 't punt van directe en indirecte belasting, en het afschaffen van alle taxatie hoegenaamd. Ik heb een tweede voorstel nopens hete propageren onzer cosmopolitaansche, schoon thands noch in embryo sentimenten. Een derde voorstel...

Lid A. Jan een kwispeldoor!

President. (onder algemeen confusie) Ik hoop dat het hoogmogend lid A reeds gevoelt dat een dergelijke interruptie, in aart, zoo wel als in vorm, hoogst inconvenabel is.

Lid A. Voorzitter, UE gebruikt woorden die niemand hier verstaat en die een mensch misselijk maken; Jan *twee* kwispeldooren! (verscheiden leden, ongeveer een twaalftal, vereenigen zich hier met de kwispeldoor-petitie).

President. Dit is onverdraagbaar en strijdig met goede orde en volkswaardigheid!

Lid B. Met verlof, mijnheer de President, lid *A* heeft een stuk in, 't is zijn zevende glaasjen schillentjens...

President. Jan, de wacht, de wacht van de natie, terstond, zonder verwijl, de nationale wacht... (Hier stormt een platteland's schutter, met een gewezen Emeritus-leidsch diender (als reserve) de nationale conventie-kroeg binnen, tot het herstel van orde; een scherp en vinnig geworstel grijpt plaats, waarin de schutter zijn leege beurs en de Leidsche held zijn blikken neus verliest, lid *A* steekt terstond een heete pijpenkop in het dus veroorzaakt vacuum, verscheiden leden verdedigen zich kloekmoedig onder de tafels, het veld is met vlaggedoeken en baaie borstrokken bedekt, doch de niewerwetsche hoogmogenden, blijven, na welgestreden strijd, in 't bezit der langbetwiste zegepraal. De President breekt zijn hamer op 't hoofd van zijn buurman, den Secretaris, dien hij bij vergissing voor zijn lessenaar aanziet en sluit dus de vergadering. Ziedaar wat waarschijnlijk van 't eerwaardig nederlandsch volk zal worden onder uw republikeinsch Schimmel-ministerie. Of zoo de Hollanders het schatbaar geheim, van groote volksinrichtingen en politieke vrijheid tot zelfnut, niet tot zelfmoord, te doen gelden, reeds bezitten, zonder het ooit vertoond te hebben, wáár houden zij 't verholen, wáár ter wareld moet gij 't zoeken? In hun plooibroek, hun knolhorlogie of vestverslijtenden cigarenkoker? En wat zullen uw bedelaars en landbewooners er bij winnen met een stem te hebben in de vertegenwoordiging, en met een stock achter hun boerenwagen uit rijden te mogen gaan? Zullen zij gelukkiger, voorspoediger, beschaafder, godvruchtiger of gezonder worden, of machtiger of beleefder? Denk aan Pruissen, zie hoe de schoonste de deftigste militaire monarchie van Europa ligt te plassen en te duikelen in republikeinschen drek. Een koning wiens rijk een kamp was, die met één opslag het vermetelst, het kwaadaardigst, ja 't machtigst oproer had kunnen en *moeten* op den nek trappen en verpletteren, geeft gekkelijk en misdadig toe, nadat hij 'zijn schoon' Berlijn reeds met de eerste plaag van Egypte bezocht had; verschuilt zich (lafhartige!) achter de bedgordijnen zijner kranke en verguisde grootvorstin, huilt op zijn koninklijk balcon over een paar doodgetrapte oproerkrengen, en (naar men hier onder vier oogen verzekert) heeft zulk een vreesselijk *lang* gezicht, sedert die glorierijke revolutie, dat zijn barbier sterk aandringt op verhoging van salaris. En wat heeft Frankrijk bij die boosaartige kwaejongens-revolutie gewonnen? Algemeen bankroet, generale bedelarij, en assignaten in 't verschiet, of liever met het halve lijf reeds over de onderdeur. Die Heeren vonden het al heel aartig en gemakkelijk, een grijzen koning (dien ik voor 't overig als Usurpateur daarlaat) met een *halven* onderbroek aan, naar Engeland overtesturen, doch ik zou denken dat zij het thands verdord moeielijk achten zich ieder een *heelen* te bezorgen! schoon dit voor dat sansculottenvee wel geen groote opoffering ware. — En moet Holland dit voorbeeld volgen; in plaats van bedaard te blijven voortgaan met het kaasmaken, het pijpenbakken, het jeneverstooken en het matig borrelen? God verhoede zulks! Ver zij het van mij te denken, dat gij, Van Lennep, hieraan ooit of ooit deel zoudt nemen; gij althands zult getrouw blijven aan de goede, oude leus Voor God en Oranje, gij zult uwe kinderen (de reeds gemaakte en noch te maken) opbrengen en blijven opbrengen in godsvrucht, in gehechtheid aan de eerwaardige instellingen des lands, in eerbied voor wet en koning, in de plichten van den Christen-onderdaan, die God gehoorzaamt en, om zijnentwil, Cesar; gij zult nooit nooit, neen nooit uw edel geslachtwapen met den bloedstreep een's eerloozen oproer's verbastaarden. Hierop reken ik. — Londen heeft een voortreffelijk voorbeeld gegeven aan de gantsche Wareld. Voortreffelijk, omdat heel het volk (Ik spreek hier niet van heffe) zich aan de rechte zijde schaarde, ware het anders geweest, soldaat en diender hadden vrij naar huis kunnen gaan. De militaire preparaties waren echter delicieus, zonder dat één soldaat zichtbaar was. Helaas waarom had Parijs, waarom Weenen, Milaan, Berlijn geen Wellington!

Ik heb veel te worstelen gehad met allerlei tegenheden, sints mijn laatst schrijven: met ziekte, zwaar verlies vermindering der

school etc. etc. Dit in vertrouwen. Ik hoop echter dat alles zich ten goede zal schikken. Aanvaard mijn plichtpleging voor Mevrouw Van Lennep, groet uw kroost, ontfang alzoo de groete mijner lieve vrouw en geloof mij in oprechtheid
Uw *verattacheerde* en dankbare Vriend
G vd L M

Cromwell-House, Highgate,
21 Septr. 1849
Waarde Vriend, Het zal u waarschijnlijk ten hoogste verwonderen te vernemen dat ik, voor één week, naar Holland denk te gaan. Mijn plan is dit zoo bedaard mogelijk te doen, en ik zou daarom wenschen dat gij er aan niemand kennis van gaaft. De eenige dien ik mijn plan heb medegedeeld is Aart Veder. Ik zal natuurlijk trachten *U* nog eenmaal te zien, daar dit tot het groote en *Principale (!)* mijner bedevaart naar Holland behoort, en daar ik de reis van Rotte naar Aemstel per pakschuit denk te ondernemen, kunt gij, een dezer dagen, een briefjen verwachten om, gelijk te voren, u tot een kort rendez-vous aan de Berebijt uittenodigen. Hartelijk hoop ik dat gij daaraan voldoen zult. Verder behoef ik u niet te herhalen dat ik alleen U en Veder wensch te zien, en al verder gezelschap of publiek amusement striktelijk te vermijden. Voor dit alles heb ik den smaak verloren, en ik wensch bovendien noch mijzelven, noch Ulieden in een valsche positie te plaatsen. Ziekte en zorg hebben bovendien mijn uitgemergeld rif dermate vermagerd en uitgerammeld dat het onmogelijk ware in 't gansche wareldrond een langen rok of een étui des pays bas te vinden die niet te wijd voor mij ware; gij weet, ik was altijd ongelukkig met mijn pantalons, doch helaas! de tijd der spanbroeken is lang voor mij verdwenen.

Ik wil u niet verbergen dat ik een bijna onweerstaanbare wensch gevoel om Holland nog eenmaal te zien, en ik beken u gaarne dat het hart mij klopt op de gedachte dat ik weldra, voor het laatst, de met kroost en kikkers gevulde sloten, en de echte Hollandsch poppenkast op de luizenmarkt te Rotterdam aanschouwen zal. Veel zal overigens afhangen van het weder, en de omstandigheden *hier*; doch, daar ik een vacantie van acht dagen heb, in het begin van October, hoop ik dat het mij mogelijk zal zijn London op den 30sten Septr. voor Rotterdam te verlaten, om op den negenden October aanst. weder naar Engeland terug te keren.

'Aanstaande Woensdag na acht dagen
'Zal ik met bef *noch* mantel aan
'Bij 't naken van den zonnewagen
'Op 't Jaagpad aan den Amstel staan.

Helaas het is nu niet langer '*aan* 'T MANPAD' en *bef* en *mantel* zijn luxuries waarvan ik mij reeds lang heb moeten speenen. Het heeft mij zeer gegriefd te vernemen dat gij in Engeland zijt geweest zonder mij te zien, of zelfs een woord van welwillend aandenken mij te doen toekomen. Ik heb u *nu* echter een verzoek te doen, waaraan ik hoop dat gij wel zult willen voldoen. Schrijf mij, al ware het slechts eenige weinige regels, per *omgaande* post, opdat ik uw' brief aanstaanden donderdag, den donderdag voor mijn voorgenomen vertrek moge ontfangen. Voldoe aan dit verzoek, schrijf mij geen hatelijkheden, en beloof mij dat gij mij in Holland geen *steeken* onder water zult geven; zoo gij overigens mijn domine's *steek* uit Lommert kunt lossen zult gij mij verplichten.

Ik ben een armen suffenden sukkel geworden, ma santé ne vaut plus une paire de vos pantalons d'été. Gij zult mij heel wat veranderd vinden, en ik ben overtuigd dat ik gerust een pijp zou kunnen opsteken aan 't zelfde comfoort met haak en Van der Spek, zonder door die bejaarde Hollandsche leeuwen herkend te worden; daar ik echter zelden, zoo ooit, rook, denk ik dit experiment maar daar te laten. Mijn vrouw, die een kort uitstapjen naar Holland gemaakt, en dáár het genoegen gehad heeft door Veder (A.) en zijn vrouw met veel beleefdheid en vriendschap ontfangen te worden, bevindt zich thans te Brighton en visite in Dr. Croly's familie; ik verwacht haar aanstaanden maandag weder in London. Zij is *bijna* nog altijd dezelfde, zelfs in persoon; hieraan hecht ik evenwel minder, men wordt eindelijk gewoon aan een bevallig oor of een fraaie bovenlip; doch de qualiteiten van hart en hoofd zijn bij haar nog even frisch en jeugdig als twaalf jaren geleden, en hieraan hecht ik, met uw verlof, veel. Wees zoo goed de uwen welmeenend mij te groeten en schrijf mij of ik u, vóór mijn voorgenomen vertrek, van dienst kan zijn, door commissies waartenemen of andersints. Daar ik mij uw *juist* en *bepaald* adres niet meer herinner, is het mogelijk dat deze brief u misloope heb, in dat geval, de goedheid, zonder fout uw adres te Amsterdam, voor mij aan de BeereBijt te laten.

Wees hartelijk van mij gegroet vergeef mijn gebroddel in een taal die mij bijna geheel vreemd is geworden, doch waarin ik met opzet heb *willen* schijven om mij een weinig te oefenen, en te bereiden voor het zoet genoegen dat ik spoedig hoop te smaken van haar nog eenmaal te spreeken in het land harer inwooning; men zou met recht kunnen zeggen dat het Hollandsch een taal is die zeer weinig uitgaat, en waarschijnlijk hebben onze goede Hollandsche huismoeders aan haar een voorbeeld genomen. Over *zekere* zaken onthoude ik mij expresselijk thans te schrijven daar ik spoedig hoop u mondeling nopens dit punt te onderhouden; gij zoudt echter aan zekere luiden in den lande kunnen te kennen geven dat ik de aanstaande maandelijksche ker-vacantie in California ten hunnen gerieve denk te gaan doorbrengen om tegen half Januarij met volle zakken terug te keeren. Nog eenmaal, vaarwel, God geve dat ik mijn voornemen moge kunnen ten uitvoer brengen, recht gelukkig zou ik zijn, zoo ik wist dat ook voor *uw* gevoel de uitvoering daarvan niet onaangenaam ware. Schrijf mij vooral *per omgaande* al ware het slechts zes regels, ik verwacht dit *zeker*. Geloof mij uw oprechte en
dankbare Vriend GVD *Linde*

Confidentieel
WelEdel Gestrenge Heer, Vervuld met brandende Vaderlandsliefde, ben ik hier, op 't oogenblik, te voet van London, ik meen van Rotterdam aangekomen; wanneer ik zeg te voet, meen ik natuurlijk per Spoorweg, en dat omdat er geen paarden voor staan. Aart heeft mij aangeraden *hier* in de Doelestraat te gaan, omdat ik

heg nog steg weet in deze Wareldstad. Van avond keer ik terug naar Rotterdam; zoo gij terstond komt, ten half vijf, zoo gij mij doet wachten, ten half negen. Het spijt mij nu van achteren dat ik de Leidsche Heeren niet te London, op een comparitie, ter finale liquidatie heb uitgenodigd, en, terstond op hun aankomst heimelijk naar Holland ben gegaan, dit ware de beste manier geweest om malkaar misteloopen. Ik moet echter tot hun eer zeggen dat zij zedert mijn komst alhier zich zeer beleefd gedragen hebben; ik heb taal noch teken van hen vernomen; het schijnt dat ze zóó lang gewacht hebben, dat zij er nu een beetjen aan gewend beginnen te worden. De Hollanders over het geheel vind ik nog al weinig veranderd; zij zijn echter zwaarlijviger en wat langer in de ooren dan in mijn tijd; en dit zal het geval met u ook al wel geworden zijn, het laatste althands. Wat mij betreft, ik vind dat velen ook ontzachelijke stijve neuzen dragen, en ik hoor met verwondering dat vele dames die stijfheid verkeerd geplaatst vinden. Ik ben heel wat veranderd in uiterlijke gedaante, doch niet toch in proportie tot de angst en opofferingen die de familie *Beeren & Co.* mij gekost hebben. Ook geef ik er niet veel om wat magerder te zijn; dikte is niet altijd een bewijs van kracht; anders toch zouden menschen die in de kraam moeten de sterkste zijn. Bij Aart is het dol prettig, ik heb zulke aangename ogenblikken niet doorgebracht zedert ik te Woestduin op je studeerkamer uit mangelen ging. Ik gevoel mij dan ook recht gelukkig in de stad mijner Vaders en Grootmoeders; doch verdorring valle op de ophaalbruggen, zij zijn altijd *op* als ik haast heb: het is dáár, en niet hier dat gij uw zwemschool had moeten oprichten. — De spoorwegen zijn hier veel plezieriger dan in Engeland, veel goedkooper en het gaat zoo zoetjens, en je houdt zoo dikwijls op, dat het '*acht maal breeken van 't lijntjen*' tusschen Delft en Leiden, hier noch altijd in gebalsemde gedachtenis schijnt te blijven. Doch daar is ijsselijk gek vee tusschen Rotterdam en Amsterdam, daar was een onophoudelijk harddraverij van runderen en varkens, den gantschen morgen, zoodra de slagschaduw van de trein, en vooral van de rook, op de weiden neder viel, ik heb nooit, zelfs in België niet, zulke wegloopers gezien als de Holland-

sche koeien, die ik NU waarlijk als de grootste gekkinnen van Holland begin te beschouwen. Daar was een zeer beleefd dierkundige in de trein, die veel tot mij sprak over zoologie; doch sints *Beeren* mij eens verschrikt hebben hou ik niet veel van deze branche der natuurlijke historie. Gezegde Heer was dáár, in de *derde classe*, uit liefhebberij, omdat hij, uit liefde voor beesten, bijna zelf een beest is geworden; *ik* was dáár, tusschen twee kalveren en een koe die in de kraam lag, zeer *tegen mijn* wensch, doch uit eerbied voor *u*, en om u niet te verstoren door nutteloze uitgaven. Zie hoe lief ik u noch heb. Ik zit, of liever ik sta nu met open hart en open armen om u te ontfangen; zulk een positie is zeer affectueus, doch op den langen duur vermoeijend. Het open hart, te lang wachtend, vooral in dit koud seizoen, om een vriend te ontfangen, zou spoedig kou vatten, en wat ware dan de waarde uwer komst; en hartelijke armen hoe hartelijk dan ook, meer dan een kwartier open te houden, is geheel out of question, het is inderdaad even onmogelijk, als, gelijk men echter algemeen verzekert, het zijn zou het mesmeriseren door uw almanack van 1849 vervangen te zien. Hoe gelukkig gevoel ik mij *die* nu op haar langdurig doodbed, voor het eerst van mijn leven nog gezien te hebben. Het was nog al aartig te zien hoe ik, door instinct als 't ware, schoon vast in slaap, door twee onmiskenbare teekens leerde kennen dat wij aan de Leidsche station waren. Ik gevoelde terstond een zeker *chemiesch* experiment voortgaan in mijn binnenkamers als of het gantsch gebouw tot zijn elementen werd teruggebracht, en ik vond alzoo terstond het gemis van *neuzen* in de Leidsche aanwezigen; doch dit was misschien omdat ik de oogen *toe* had. Ik heb nu reeds gegeten en gedankt, en verwacht u met ongeduld; er zijn slechts twee of drie uren ten hoogste, kom dus terstond; zoo gij geen vigilant kunt vinden, neem dan een trek- of liever tent-schuit, opdat ik u, roeiende redder! spoedig moge herzien, want ik heb u altijd noch recht *hartelijk* lief, ofschoon gij het weinig verdient. Ik verblijve,
Oprechte Vriend
Uw WelEdel Gestrenge Heer
GvandeLinde

Geerten Meijsing

Terug in de stad

Toen Erik Provenier zijn laatste geld had omgewisseld, kon hij precies de borg en een maand huur vooruitbetalen van een appartementje aan de Rooseveltlaan.

'Staatsliedenbuurt?' had hij gevraagd aan de man van het plaatselijke bemiddelingskantoor.

'Ik hoor dat u de stad niet kent. Dit is op stand, Nieuw-Zuid, erg in trek. Rivierenbuurt, geen junks en geen gelazer — hier even een krabbeltje graag.'

Twintig jaar geleden had Provenier een blauwe maandag in A* gestudeerd, en hij wist er de weg naar de boekhandels, het BIM-huis en zijn uitgever. Maar hij moest nog steeds Piet Koopt Hoge Schoenen zeggen om de Singel te kunnen plaatsen.

'*Het* Singel,' verbeterde Justus, toen Provenier hem telefonisch ervan op de hoogte stelde dat hij iets gevonden had en niet naar Italië zou terugkeren; 'wij zeggen *het* Singel, maar ik begrijp dat jij er liever niet bij wilt horen. Je mag er dan prat op gaan een *outsider* te zijn, voor mij blijf je gewoon een provinciaal.'

'Met welk recht van spreken... Jij bent al net zo lang uit Nederland weg...'

'Daarin zit 'm nou het verschil: ik ben uit A* vertrokken, en jij uit Nederland. Voor mij bestaat Nederland slechts uit die ene stad, waar ik geboren ben en die ik in mijn hart draag. 'k Zou je liever mijn vrouw uitlenen, dan jou aan mijn stad toevertrouwen. Allemaal jaloezie en kinnesinne, natuurlijk — maar dat staat je nu te wachten. Ik heb je gewaarschuwd.'

'Wat een kleinzielige hoogmoed, om te denken dat dit dorp het culturele middelpunt van de wereld is, het magisch centrum waar alles gebeurt. Ik woon in Toscane, meneer, en heb wel andere referentiepunten...'

'*Woonde*, je *hebt* in Toscane gewoond — ik vrees dat we je hier niet gauw terugzien. En nu zit je dus in A★. Ik wens je veel succes en sterkte. Bijt je erin vast en laat je er niet onder krijgen. Tenslotte *schrijf* je in het Nederlands, en dan heb je alleen met A★ te maken. Daar gebeurt het...'

Wat gebeurt er eigenlijk in A★, vroeg Provenier zich af die uit pure nooddruft, met de dood in het hart en de grootst mogelijke tegenzin, was teruggekeerd om te kijken of er nog iets te redden viel.

Zijn observaties waren dezelfde van iedere spijtoptant: dat de straten en plantsoenen vol vuilnis en hondestront lagen, zodat je met gebogen hoofd gedwongen werd voort te gaan onder een loodgrijze lucht, je een plaats bevechtend tussen Arabieren, Marokkanen, Surinamers, Creolen, Chinezen, Tamils, Hindoes en Turken, die zich allemaal meer in de hoofdstad leken thuis te voelen dan hijzelf. Deze allochtonen, zoals ze in het moderne spraakgebruik genoemd bleken te worden, hadden overdag de straten en de trams aan zich. Ze werden bediend door kashba-achtige winkeltjes en toko's, moskeeën, opvangcentra, Baghwan-jurken, welzijnswerkers en ambtenaren van herhuisvesting. Ze scheurden, tussen de nog lomperer taxi's, in zwart opgespoten, geblindeerde BMW's over de vrije trambaan, of stonden in met spoilers opgedirkte Japanners schuin op het trottoir te wachten — volwassen mannen in de bloei van hun leven, zo gezond als oerwoud of bergland ze maar konden afleveren. Hun oudjes hadden ze thuisgelaten; de kinderen moesten volgens de leerplicht zes jaar lang gedwongen het Nederlands aanleren — geen gemakkelijke taal, die slechts door heel weinig mensen verstaan wordt en zelfs door de autochtonen gebrekkig gesproken. Geen potentieel publiek voor hem, en je kon er voorzichtigheidshalve ook beter niet *over* schrijven.

Even nadrukkelijk aanwezig waren de toeristen. De hoofdstedelijke horeca kon ze nog zo onbeschoft bejegenen (daarvoor had zij al sinds jaar en dag de *prix d'excellence* in pacht), met busladingen werden ze aangevoerd en uitgejaagd over de pleinen en de bruggen, om, zich angstig en bang voor beroving voortbewegend, Rembrandt, Van Gogh, de Heineken-brouwerij, het Anne-Frankhuis en de Rosse Buurt te bezichtigen.

Alles stonk naar inferieur frituurvet dat uit de op elke straathoek geopende cafetaria's walmde, naar de ovenluchtjes van ontelbare infame 'croissanterieën' en 'brood-o-theken'. Van de kleinste kinderen tot de meest getergde bejaarden liepen op straat deze produkten met de obscene namen te eten — *patatje oorlog, hot dog, berelul, big mac* — en, nog wonderbaarlijker, lieten de restanten van de *fast food*-industrie doodgewoon in de wandeling uit handen op de straat vallen.

De stad werd besmeurd door de uitwerpselen van doodzieke duiven en valsgefokte honderassen, waarvan sommige zo gevaarlijk waren dat er hele parken door geterroriseerd werden. Voor de bezitters van deze gevechtshonden waren overal sauna's, fitnesscentra en sportscholen ingericht, waar zij naast een op de criminaliteit gerichte paramilitaire training alvast het kunstmatige brons konden verwerven waarvan zij dachten dat het de glans van de rijkdom is.

Niet alleen voor honden, ook voor het verkeer in de stad moest je terdege op je hoede zijn. Fietsers oefenden, met het propagandistische gelijk van de milieubeweging aan hun zijde, een brutale terreur uit: ze reden, zonder verlichting of stuurbel, in alle richtingen over de trottoirs en tussen de auto's door, negeerden alle stoplichten, en trapten, als het hun even niet beviel, gemeen tegen de geparkeerde of anderszins op de rijbaan gestremde voertuigen, een lawine van de meest grove en platte scheldwoorden over hun medeweggebruikers uitstortend.

A⋆ was de hoofdstad van de fietsers, of liever, van de fietsen, want deze merkwaardige rijwielen — ongeveer het lelijkste wat een primitieve, reeds lang achterhaalde techniek had kunnen voortbrengen — leken daar een geheel eigen leven te leiden. In geheimzinnig verbond met de infame *graffiti*, die door het voortvarend stadsbestuur in samenwerking met *Vrij Nederland* tot een nieuwe, anonieme kunstvorm waren uitgeroepen — ontsierden zij elke gevel waar ze in grote, vormeloze hopen tegenaan gekwakt lagen; in diverse stadia van ontmanteling hingen zij scheef aan hun belachelijk zware ankerkettingen van de leuningen van de bruggen, staken omhoog uit het vervuilde water van de grachten. Fietsen verdwenen in de stad als je even de andere kant op keek, werden nooit teruggevonden op de plaats waar je ze had achtergelaten, en kwamen op de meest onverwachte momenten weer heimelijk naar je toe, vergezeld van een onzichtbare stem: 'Fietsje kopen? Vijfentwintig piek.'

En toch leken de mensen hier van deze rijdende raderwerken te houden: ze beweerden bij hoog en laag dat er geen beter middel van vervoer bestond, zeulden er de angstwekkend steile trappen van de huizen mee op, kochten er dure sloten en kettingen voor en ontleenden er de gezondmakende, revolutionaire macht van de bezitloze aan: fietsers der aarde verenigt u, de binnenstad aan de fietsers, het rijk van de grachtengordel zal de fietsers geworden.

Provenier had fietsen altijd een vernedering gevonden. Gedurende zijn gehele schooltijd had hij gefietst. Fietsend en vloekend had hij een krantenwijk gereden, vloekend en scheldend ontelbare banden geplakt en kettingen weer goed proberen te leggen. Op de fiets was hij langs de tuinen van de verboden huizen van meisjes gereden... Van fietsen kreeg hij oorpijn, zijn haar ging ervan krullen, zijn broekspijpen werden vies en kwamen tussen de ketting, altijd wind tegen, gesloten spoorwegovergangen, lekke banden. Zodra zijn gedwongen schooltijd uitgezeten was, had hij zichzelf gezworen nooit meer te fietsen.

Ook al waren zijn omstandigheden, bij terugkeer in de stad, teruggebracht tot een toestand die het best met armoede kon worden omschreven, zo laag zou hij niet vallen dat hij weer moest teruggrijpen naar de fiets. Ondanks de nobele voorbeelden van Martin Heidegger, die altijd in plusfours op een fiets bij de Freiburgse universiteit gearriveerd was; van Alfred Jarry;* van zijn eerbiedwaardige vioolleraar wiens grootste genoegen er op hoge leeftijd uit bestaan had om op een fiets zonder remmen van het Bloemendaalse Kopje naar beneden te snellen; van zijn eigen vader die altijd, snuivend, in driedelig kostuum, op een fiets naar de beraadslagingen van de vroede vaderen gereden was, hem stond het voorbeeld van de fietser als mislukking voor ogen, nadat hij een keer had gezien hoe Dirk A. Kooyman, een vormeloze, te korte broek aan waarvan de ene pijp in de wind fladderde terwijl de andere met een *broekklem* werd gedwongen, staande op de trappers van een oude damesbrik, hijgend en puffend een bruggetje over de Prinsengracht nam, op de bagagedrager onder de snelbinders een scheefgezakte schooltas die, bij de triomfantelijke afdaling van de brug, voor Café de Prins tegen de gladgeregende bestrating viel, en een keur aan kostbare kopij voor *Soma* (in die tijd moest het geweest zijn) vrijliet: gedichten, zogenaamd academisch proza, en wie weet ook reeds een enkel overgeschreven filmscript of afgeluisterd levensverhaal. Bij die gelegenheid had Provenier zijn plechtige gelofte herhaald: hij zou nooit gaan fietsen, of hij was geen schrijver meer.

Het openbaar vervoer! Dat A★ een Grote Stad was, wist Provenier al omdat er van oudsher trams reden, en sinds kort ook een metro (met één lijn — het ging tenslotte om het gebaar). In die metro waagde hij zich liever niet, omdat die ene lijn slechts een verbinding legde met een buiten de stad gelegen ghetto, waar hij vooralsnog niets te zoeken had. Maar de trams, die romantische voertuigen die aan het Trieste van Svevo of het Dublin van Joyce deden denken, en die rinkelbellend als een kermiscarrousel optrokken, krijsend als de meeuwen uit de haven door de bocht gingen, en met een knarsende bonk tot stilstand kwamen als er een

* Maar Fransen waren eigenlijk vrijgesteld van het verbod, als zij geen *bicyclette* maar een *vélo* bestuurden.

zwerver, junk of 65-plusser voor de keivanger dreigde te stappen, — de trams doorsneden de grachtengordel, daarvan zou hij gebruik maken.

Maar hoe? Waren al die veelgekleurde, bontbeschilderde trams wel openbaar? De eerste keer had hij, wachtend op lijn 4, een Artis-tram (voor schoolkinderen?), een Zwitserland-tram (een congres van de Kaasunie?) en een Doe-het-zelvers-tram laten passeren, alsmaar uitziende naar de vertrouwde gele gemeentewagens, voor hij begreep dat er een ludiek compromis was gesloten tussen kunst en reclame.

Zwartrijden, bemerkte Provenier al gauw, behoorde niet meer tot de gemeentepolitiek — wellicht zaten er geen Kabouters meer in de Raad. Om deze milde vorm van anarchie te bestrijden had men in sekse en ras gemengde patrouilles ingezet die gekleed gingen in afgedankte Russische legerkleding, giechelend bij de halte sigaretten stonden te roken, om na hun gezamenlijke intrede in het voertuig ingewikkelde berekeningen op heel kleine papiertjes uit te voeren.

Ook de haltes zelf had men, om lucratieve redenen, uitbesteed aan een reclamebureau. Wat vroeger nog gewoon abri's heetten, voor zover ze er waren, werd nu deftig stadsmeubilair genoemd, en een Franse firma bouwde driftig glazen kistjes langs de trambaan, waarvan de ruiten elke dag vervangen, voor zover ingegooid, of gelapt moesten worden. Achter die ruiten, die 's avonds voor de veiligheid, de gezelligheid of de reclame-voorschriften, werden verlicht, hingen glanzende advertenties voor zeep, tabak en ondergoed, terwijl ook hier, om aan de culturele noden van de reizigers tegemoet te komen, een hoekje voor de kunst was vrijgelaten, in de vorm van een versje van Toon Hermans en een van Annie Schmidt.

Ook elders waren grote *billboards* opgetrokken, om de stad allure te geven, met reclameberichten (over bier, inmaakgroente en koek), maar ook met bedreigende boodschappen van de overheid over welke bekende Nederlanders een condoom gebruikten, of van Amnesty International, over welke bekende Nederlanders goed een gewetensslachtoffer konden nadoen. Provenier, die nu ook de als zwarte Piet verklede buste van Boudewijn Büch op de trams voorbij zag rijden, maakte aantekening van de promotiemogelijkheden die deze *billboards* voor uitgevers konden hebben, wellicht in combinatie met zo'n goede zaak voor het algemeen heil: Jeroen Brouwers als gewetensbezwaarde in de knel, Tessa de Loo en Marion Bloem tegen verkrachting binnen het huwelijk, Kellendonk als martelaar van het condoom.

Achter de *billboards* en het stadsmeubilair gaapten grote gaten in het stadsbeeld, holle kiezen tussen de enkele nood-jackets die door banken en verzekeringsmaatschappijen werden opgetrokken uit glas en piepschuim. Straten en pleinen waren erbij of ze gisteren door een bombardement getroffen waren. Of er nu gebouwd werd of juist afgebroken, het puin hoopte zich op in grote laadbakken die op cruciale punten de stoepen versperden. Steigers en bouwketen, braaklandjes achter hekken van kippegaas, noodwinkels in scheepscontainers. Het was aan te bevelen niet te dicht langs de huizen te lopen, omdat elk moment, door de ramen van hoger gelegen verdiepingen, bouwmateriaal, puin, huisvuil of afgedankt meubilair zonder waarschuwen naar buiten kon worden gegooid, waar het gewoon, voor onbestemde tijd, langs het trottoir bleef liggen. Allochtone kinderen speelden tussen het vuil, arme mensen sprokkelden daar hun brandhout, zwervers staken blindelings hun hand in de opengescheurde zakken om afgekeurd of overtollig voedsel eruit op te diepen.

De stad kon van haar eigen afval leven.

Moest je maar eens kijken wat er op dagen dat het huisvuil werd opgehaald (nauw luisterde dat niet, de volgende week kwamen ze immers weer) 's ochtends langs de stoep werd gezet aan huisraad: hele bankstellen, ijskasten, televisietoestellen, deurpanelen en douchebakken (de meeste studenten, en niet alleen zij, richtten hun onderkomens in met deze uitdragersspullen) — je begreep niet dat er wekelijks zo veel kuub uit die smalle, nauwe, in kleine verdiepingen opgedeelde stapelwoningen moest worden weggewerkt: zoveel, en meer, moest dus ook naar binnen zijn gegaan.

(Op dezelfde wijze keek Provenier in zijn misantropie verbaasd naar de uitpuilende boodschappentassen waarmee dikke, schommelende huisvrouwen uit de supermarkten kwamen: al dat voedsel zou, geweekt in afgedankt frituurvet, in de ontevreden bek van het modale huisgezin worden geplempt, om te verrotten in het modaal gedarmte, en via het modale aarsgat weer te worden uitgepoept. De stad was niet gebouwd op modder, zij dreef op een zee van stront, en de gier die in de grachten stagneerde (de aders van de stad!), was het mestvocht van menselijke beer.)*

En als er niet in de hoogte iets kon worden weggeslagen door de sloophamer, gebeurde dat wel in de diepte: om het hardst werden de straten opengebroken en werd de onderliggende grond omgewoeld, om buizen, leidingen en pijpen naar boven te halen of weer onder de grond te krijgen. Emblematisch waren voor de stad de drilboren die onophoudelijk, dag en nacht, aan de trambaan bezig waren. Als kleine jongens die met een modeltreintje spelen: de ene groep werklieden had de rails nog niet uitgelegd, of een volgende ploeg arbeiders kwam de boel weer uit elkaar halen en door de war schoppen. Zand, om niet te zeggen modder, want in deze contreien regent het dertien maanden per jaar (maar over het weer zal in deze aantekeningen verder niet gesproken worden, behalve als het een keer niet regent), waterplassen, rioolbuizen, losse stoepranden, stapels betontegels, onverwachte kuilen, glinsterend glas van ingeslagen autoruiten.

Naast deze, zo men wil tijdelijke struikelblokken, had de gemeente op elke strekkende meter artificiële hinderpalen geplaatst die van blijvende aard waren: de zogenaamde *a**-*tjes*, allemaal replica's van de gigantische fallus die tegenover het Paleis op de Dam, in een versteend obsceen gebaar, aangaf hoe de hoofdstedelingen over de monarchie dachten. (De uitgever van Provenier had hem eens, met een verrukte glans in de ogen, een droom verteld: hij had gedroomd dat op elk *a***tje* wijdbeens een van de spreek-

* Een vertekende observatie van de benevelde zintuigen van de hoofdpersoon; in werkelijkheid bezat A⋆ in deze tijd een goed functionerend rioleringssysteem, geheel los van de grachten, die bijna elk half uur gespuid werden.

woordelijk mooie A*'se meisjes zat: 'En de wereldorde was volmaakt!')

Onmogelijk met iemand over straat te lopen (van flaneren hadden ze in het Venetië van het Noorden nog nooit gehoord) onder het voeren van een beschaafd gesprek. Gehaast en zwijgend drongen zich de passanten in ganzepas tussen de hindernissen door, met gebogen hoofd, hun voeten hoog optrekkend om schoeisel, kous of broekrand zo droog en schoon mogelijk te houden, hun boterhamkoffertje of plastic tasje stijf onder de arm geklemd, en wanneer ze hun mond opendeden, was het voor een grauw of een snauw: 'Kijk waar je loopt, man!'

Door de stad, brug op brug af, van de ene kant van de straat naar de andere, iedereen nors op weg naar zijn eigen bestemming, net als de onbestemde Provenier, in de menigte verloren, bij wie het vocht door de dunne leren zolen van zijn Italiaanse schoenen omhoogtrok tot het in zijn ogen stond.

Als hij in de mist omhoogkeek naar de toren van de Oude Wester, miste hij de buitelingen van de slechtvalken, die vanaf de kroon gemakkelijk hun duivenprooi hadden geslagen.

Evenmin als hij was het een mensenvriend, deze eenzame roofvogel.

Daarvoor in de plaats waren onwerkelijk zwijgzame en onverschillige reigers de stad binnengetrokken, die brutaal op de brugleuning bleven zitten, alsof het er allemaal niet meer toe deed, wachtend tot even onverschillige gepensioneerden uit het vervuilde water een giftig visje wisten te hengelen.

De mensen in de stad lieten zich niet aanspreken: hun door beeldstraling gedempte blik stond vagelijk op vijandig terwijl ze zwijgend voorwaarts gedreven werden. Alleen de bedelaars leken nog menselijk, al te menselijk: zij klampten je aan, meer als de heroïnehoertjes — even ging zijn hart sneller kloppen voor hij wist hoe laat het was, klaarlichte dag! Zwervers en zonderlingen, met Tolstoi-baarden en blote voeten, liepen voor zich uit te mompelen of te schreeuwen langs de Utrechtsestraat, door het Frederikspark rond de uitgebluste fontein, en de hele Van Woustraat door hem begeleidend achter een supermarktkarretje waarin hun hebben en houwen was samengepakt. Het leek of hij ze niet meer van zich af kon schudden, zijn toekomstige lotgenoten.

Provenier herinnerde zich een ander A*, uit de gouden oktoberdagen dat hij zijn studie was begonnen.

De Blauwbrug liep nu niet meer naar het Waterlooplein met zijn overgereguleerde markt, maar naar de voltooide Stopera. Op het totaal verziekte Leidseplein was een ijsbaan aangelegd, en in de Lange Leidsedwarsstraat hoefde je niet meer te zoeken naar het huis van Sjaalman. Onder het mislukte beeld van diens schepper op de Torensluis stond met koeieletters geschreven wie die vlinderdas wel mocht voorstellen — de mensen mochten eens denken dat het om een cabaretier of burgemeester ging. Vergeefs zocht hij in het Leidse Bosje naar de pijp van Van Schendel, het enige beeld van de stad dat de moeite waard was geweest.

Hij herinnerde zich de liefdesverklaring die zijn oudere zuster had afgelegd toen ze van huis was weggelopen om in A* naar de toneelschool te gaan: 'Maar pappa, ik *houd* van die stad!'

Nog langer geleden was hij met zijn moeder naar A* gespoord, en hadden ze jaarlijks het Scheepvaartmuseum bezocht, langs de haven waar een opleidingsschip voor koopvaardijmatrozen lag, om daarna te gaan 'chinezen' in de Binnen Bantammerstraat — herinneringen die waren dichtgespijkerd en opgegeven als de hele buurt rond de Zeedijk. Ontelbare Sinterklazen had hij op de nek van zijn vader A* zien binnenkomen tegenover de Nicolaaskerk, met zwarte Pieten die op scooters reden. Nu waren het *witte pieten* geworden, of hadden ze het gezicht van Büch.

In A*, met zijn hoge ramen waarin het late middaglicht weerspiegelde, gebeurde het, had ook hij in zijn jonge jaren gedacht: het moest daar wemelen van schrijvers en kunstenaars. Een stad in gisting, waar uit de fermentering van vele vreemde geesten kunst ontstond. Daar werden de kranten gemaakt, waren de grote uitgevershuizen gevestigd: binnen de grachtengordel. Hoe graag had hij niet in A* willen wonen.

MULTATULI

Een en ander over Pruisen en Nederland

'Een en ander over Pruisen en Nederland' werd door Multatuli geschreven in Koblenz en Keulen in de eerste weken van januari 1867. Multatuli woonde toen in Duitsland en kreeg daar van Conrad Busken Huet een exemplaar van de brochure 'Pruisen en Nederland' van de hand van J. Bosscha, hoogleraar in de geschiedenis en letteren en voormalig minister van Hervormde Eredienst. In die brochure wordt de angst van Nederland voor een Pruisische inval verwoord en tegelijkertijd hoog opgegeven van de vaderlandsliefde van de Nederlanders. Multatuli plaatst op zijn beurt grote vraagtekens bij Bosscha's beweringen en geeft in zijn kritiek *en passant* een ontluisterend beeld van de 'geestdrift' van het Nederlandse volk.

Wanneer er scherpte nodig is, en ze is niet te wachten van klauw of tand, moet men zich met pennen behelpen. En daarom ook schryf ik.

Doch zelfs tot het opzetten dier pennen is nodig *besef van gevaar, moed tot tegenstand, geestdrift*. Vanwaar zal dit alles komen, die geestdrift vooral?

Van 't Volk? Maar dat Volk meent te goeder trouw seine Schuldigkeit gedaan te hebben door gewillig betalen van wat men vorderde. Geestdrift is een schone zaak, waar ze nodig is, maar 't is zeer onaangenaam opeens daartoe te worden opgeroepen, nadat men jaren lang betaald heeft om haar te kunnen uitwinnen. Wy hadden immers altyd een staand leger, vestingen, ministerie van oorlog, generaals, schildwachthuisjes, adjudanten des Konings, zomerkampen, oneindige tenue-veranderingen en alles wat er schynt nodig te zyn tot een behoorlyke landsverdediging? Waarom moeten wy nu op eens veranderen in een stekelvarken, precies alsof wy al die dingen niet hadden gehad? Nog eens, vanwaar moet de geestdrift komen die deze onaangename metamorphose zal dragelyk maken?

Van 't Volk? Maar dat volk is verstompt, vernederd, verdierlykt. Dat volk is slecht onderwezen, slecht gevoed. Dat volk heeft weinig oorzaak tot verzet, als er kans komt op verandering, want: *voor een zeer groot gedeelte der Natie zal elke verandering een verbetering zyn.* Het is mogelyk, en ik geloof zelfs, dat een Pruisische inval in Nederland stuiten zou op grote antipathie. Het vooroordeel in verzwakte lichamen en doffe gemoederen kracht gieten zou tot gelukkig weerstaan van een macht, zo energisch, zo gesloten, zo gedisciplineerd als de Pruisische, meen ik te mogen betwyfelen, want ik weet by eigen ondervinding dat het onmogelyk is de werking der Pruisische Staats-machine gade te slaan, zonder daarvoor den eerbied te gevoelen die men aan elke grootse schepping verschuldigd is. Die 'moffen' hebben verstand van regeren, dat kan ik verzekeren, en in zekeren zin zouden zy in Nederland een zeer gunstig terrein vinden, daar hun 't wedyveren met een bestuurswyze als waarmee wy sedert jaren gestraft zyn, waarlyk niet moeilyk vallen zou. Och, de resultaten van 't Pruisisch régime zouden al zeer ellendig moeten wezen, als zy de vergelyking niet konden doorstaan met den 'Kattenburger doop', die nu in Amsterdam het voedsel uitmaakt van het gezin des werkmans.

Geestdrift van 't Volk? Maar dat volk leed en lydt gebrek onder het tegenwoordig bestuur; kan men vorderen of verwachten dat het zo op eenmaal geestdriftig worden zal, nu de heren in Den Haag daaraan behoefte gevoelen? Vaderlandsliefde ('een deugd die in den Hemel niet bekend is', zegt Nisard; Lessing noemde haar een 'heroieke zwakheid waarvan hy bevryd wenste te blyven'), vaderlandsliefde moge in weerwil van die uitspraken een schone zaak zyn, en het moge plat klinken haar als de mindere voor te stellen in den stryd met de eisen der maag, toch is 't waar dat ze onderligt in dien stryd. Dit leert de ondervinding. En dat erkende Napoleon op St. Helena, toen hy nadenkende over den zwerm van vyanden dien hem 't continentaal-stelsel had op den hals gehaald, uitriep: c'est le ventre qui gouverne le monde! Juist. Als veel genieën had hy te hoog aangelegd. Hy had zich niet kunnen voorstellen hoe vinnig de stremming des handels en het gemis van koffie en suiker zich wreken zou. Louis, lager staande en dus beter het gewone begrypende, zag door de vingers, en was bemind. De Pruisische regering is te ordinair-intelligent om geen speelruimte te laten aan de neigingen der volkeren die zy zal gelieven te annexeren, en mocht zy al struikelen over den tegenzin in haar *militaire* eisen (die in Holland bespottelyk schynen en dat ook zyn), zeker zal zy niet beletten dat het volk handel dryft, en *eet*. Zy zal weten zich bondgenoten te maken uit de 'ventres' die de wereld regeren.

Hoe, men zou geestdrift van 't Volk verlangen? Maar daartoe zou behoren geest*kracht* die er niet is (drift zonder kracht zou dan toch wel niet veel uitrichten, denk ik); overtuiging, die niet bestaat; vertrouwen, dat geschokt en vernietigd is, mannelykheid, liefde, trouw, allemaal gevoelens die gekrenkt werden en beledigd en vertrapt sedert jaren, door hen juist welke thans *nu er nood is*, zich op die aandoeningen beroepen. Wat deed de Regering, wat deden de twee-, driehonderd mannen die sedert 1848 zich opwierpen tot Voorgangers van dat volk; welke aanspraken verwierven zy zich op offergeest, op heldenmoedige verdediging van het bestaande? Welvaart, levensgeluk, genot, alles vloeide, met verkrachting der natuurwet, naar boven. De geest van associatie, toegepast op Kapitaal, maar niet toegepast op den arbeid (en misschien kan dat nog niet) doet te onzent weinigen leven van veler arbeid. Het welwillend, gemoedelyk patronaatstelsel is in ons land averechts genomen: de cliënten voeden den patroon. Ik had er niet tegen, als daartegenover stond: recht van den cliënt op bescherming, op ondersteuning. Maar dat recht is niet beschreven, en dorre harten erkennen geen onbeschreven recht. Elders heb ik gezegd, en bewezen, dat een Nederlands werkman beneden den neger staat, dat zyn toestand de zwaarste slaverny is die men zich denken kan. En dien slaven roept men nu toe: 'Op, op, het Vaderland is in gevaar (dat wil zeggen: *onze* welstand, *onze* rust is in gevaar); op, het Vaderland roept; slaven waart ge, slecht gevoed waart ge, dom en stomp waart ge, onze geldmaak-machines waart ge, dat alles is waar, doch het vaderland is in gevaar, op... op... allemaal op! Op... en verandert u nu eens in een ommezien voor ons plezier in stekelvarkens!'

Geestdrift van het Volk? Het volk kán 't Vaderland niet liefhebben, dat alle genot weelderig wegschonk aan de weinige oudere broeders die gewetenloos misbruik maakten van een gestolen of gehuicheld recht van eerstgeboorte. Wat geniet het Volk van de Indische baten? Wy gaan nu voorby hoe die baten worden verkregen, maar poogt men de onedele bron te adelen door goed gebruik, door broederlyk delen van den buit? Geenszins. Elke gulden dien Indië afwerpt, wordt tweemaal gestolen, eens ginder, andermaal hier. Daar stroopt men den Javaan, en hier bedriegt men de arme drommels, die even goed nazaten zyn van Houtman en Coen, als de aandeelhouders der Nederlandse Handelmaatschappy en de heren in 't Willemspark, om ze te laten zwoegen en slaven alsof zyzelf Javanen waren. Het is *leugen* dat de door Nederland uit Indië verkregen welvaart afdruipt op den mindere; de geringe man geniet er niets van. Geen knecht, pakdrager of ander arbeider ontvangt een cent hoger loon, omdat zyn heer ryk werd door 't schacheren in gestolen koffie. De voordelen uit Indië 'hokken' in de eerste hand, en worden 'belegd' in ander geknoei, dat ook alweer den arme niet baat, ja minder nog, want by den Effecten-*Schwindel* kan men zelfs den hand-arbeid, hoe schraal dan ook betaald, missen. By vervoer en verschepen van koffie, kán dan toch de paria te werk gesteld worden, al draagt men zorg dat hy niet meer ontvange dan juist nodig is om zyn ellendig bestaan voort te slepen; maar welk voordeel heeft de arme van den hoogst onzedelyken handel in papier? In 't wedden van gelukzoekers voor of tegen 'Grant's noordelyk *go-ahead*, of Lee's zuidelyk genie?' Wat zal hem bewegen tot geestdrift, als hy eens eindelyk zal inzien (en hy zál 't inzien, zodra er nood is, want schokken maken wakker) dat de Vaderlandsliefde die men hem tracht in te pompen, eigenlyk niets is dan de liefde der heren voor hun eigen geld? Bosscha zegt op de bladzyde die ik zo aanprees, dat de Pruisen zeer goed den weg zullen weten te vinden naar de kelders van de Nederlandse Bank. Gewis. En ik begryp hoe er zyn die sidderen by de gedachte aan de bekendheid van dien weg. Maar zal die angst zich uitstrekken tot den werkman, tot den arbeider, tot den burgerman zelfs, die met deze kelders nooit iets te maken had, die nooit of zelden bankbriefjes in handen kreeg, en zeker in de verte zelfs er niet aan dacht ooit aandeelhouder in die Bank te worden? Wanneer de arme en zelfs de middelstandsburger besef heeft van den tegenwoordigen toestand, zou hy al zeer licht er toe geraken te ontvlammen tot de hem voorgepreekte geestdrift, maar in tegenovergestelden zin. Het is te vrezen dat hy juichen zal over de verandering die misschien een spaantje zal doen afvallen, dat gesprokkeld worden kan.

Geestdrift by het Volk, by die andere, by die erger soort van slaven die den kleinen burgerstand uitmaken? Van waar moet die drift komen, en de kracht om ze niet ydel te doen zyn; in den zwerm kleine kantoorbedienden die met vrouw en kinderen, gebukt bovendien onder een opgedrongen 'fatsoenlykheid', een geheel jaar, ja levenslang soms moeten leven van wat hun 'patroon' verdient (zegge: wint) door 'n verhoogd cyfertje in de beursnotering van één dag? Moet de geestdrift van zulke lieden worden opgewekt door de liefderyke bejegening die hun, by mangel aan behoorlyke betaling, ten deel viel van hun 'patroons'? Dan zal die geestdrift slapende blyven, want deze bejegening is ellendig. Ik heb geleefd in militaire kringen van velerlei natie; ik heb zeereizen gemaakt met koopvaardy- en oorlogsvaartuigen onder allerlei vlag; ik heb omgegaan met slavenhouders en slaven, maar ik verklaar nooit ter wereld by soldaten, matrozen of lyfeigenen, een afscheiding zo bar, zo streng, zo wreed (en dus zo bespottelyk) tussen meester en ondergeschikten te hebben waargenomen, als by Hollandse kooplieden. En men spreekt van adeltrots! Dat de stumperds van ondergeschikten zich daarin voegen, dat zy in hun vernedering ingroeien, en dus weldra niet beter verdienen, is waar. Ieder heeft wat hy verdient. Maar men bouwe dan ook niet op geestdrift in zulke wezens, en vooral prate men niet van achteruitgang des Volks 'door overdreven kunstgenot'.

O, ware dit zo! Want kunstgevoel, al was 't dan overprikkeld, veronderstelt vatbaarheid voor indrukken. En waar men die vatbaarheid versleten waande, kon licht nog hier en daar een levende vezel zyn achtergebleven die onverwacht zich spannen zal tot een pees om opnieuw veerkracht te geven aan 't bedorvenen. Men kan zich voorstellen dat een hart, schyndood na uitputting door al te veel genieten, electrisch opspringt by aanraking met een nieuwen stroom van indrukken. Maar dat opspringen is onmogelyk, wanneer het leven is uitgeblust, of nooit bestond. De afgevlamde steenkool kan opnieuw gloeien als cokes, maar dit is niet te verwachten van een steen die nooit brandde. Welk kunstgenot leidde den Nederlandsen burger tot besef en verering van zielenadel? Waar leerde hy gloeien en ontvlammen voor de schone indrukken van offer, zelfverloochening, heldenmoed? Is 't in de kerken waar men hem jaar in jaar uit dezelfde liedekens voorwawelt op oude wys, of moderniter nieuwe wyzen tracht binnen te smokkelen, vry onhandig op 't oude liedje gezet? Is 't in de gehoorzalen der Maatschappy tot Nut van 't Algemeen, dier by uitstek: Christelyke Maatschappy, waar 'beloonde deugd' en 'zoete kinderen' nog altyd schering en inslag zyn, als te verwachten is van christelykheid die 'braafheid' verknoeit tot een speculatie op den Hemel, en zoete onderdanigheid voorspreekt, om baas te blyven op aarde? Is 't in de Museums die openstaan *tegen betaling*, maar die 't volk onbekend zyn, en onbekend blyven zouden, al ware de toegang vry, wyl het niet is opgevoed tot het scheppen van genot in kunstbeschouwing? Is 't in den schouwburg? Dáár gewis niet. Hoogstens zou 't daar indrukken kunnen opvangen van Vaderlandsliefde op z'n Frans, op z'n Duits, want men speelt vertaalde stukken, en vertaalde heldenmoed is de rechte niet. Doch al ware dit anders, al kon men duitse 'Leier und Schwerte' omscheppen in hollandse krygszangen tegen Duitsers, al zou 'Das Testament des groszen Kurfürsten' de vreemde eigenaardigheid bezitten den Hollander aan te vuren tot werkzaam verzet tégen de uitvoering van dat testament, of al speelde men Hollandse stukken die minder vervelend waren dan ze van rechtswegen nu eenmaal schynen te moeten zyn, wat zou dit alles baten, daar toch het Volk den schouwburg niet bezoeken kan? Ik onthoud my van de beschrijving des publieks dat de zalen vult. Dat publiek staat iets boven en iets beneden het eigenlyke volk, de werkman kan er nooit komen, de kantoorbediende zelden of nooit. Ook is 't voor zeker soort van arme drommels die 't te kort schietend geld moeten aanvullen met een preutse 'fatsoenlykheid' niet deftig in een Variété te zitten. Als de 'patroon' het eens zag! Zeker, dat zou een reden zyn om den nieuwjaarsfooi te supprimeren die gebruikt werd tot zulken overdaad. Ik wil volstrekt niet geacht worden te beweren dat *alles* wat ik afkeur in Holland, overal elders beter is, maar nu voorbygaande dat hierin de vraag niet ligt, wyl geen geneesheer de ziekte van zyn patiënt mag ignoreren onder voorwendsel dat ook anderen daardoor zyn aangetast, houd ik staande dat de gelegenheid voor min-vermogenden om zich uit te spannen, overal elders ruimer openstaat en hartelyker gegund wordt dan by ons. Vermaak, genot, uitspanning (o lelyk woord, dat naar juk, halster en tuig riekt, en dat we borgden van ossen, paarden en ezels) zie, dat alles is contrabande in 't vrome, goddienende, fatsoenlyke Nederland. En kunstgenot? Een kantoorklerk moest het eens in zyn hoofd krygen aanspraak te maken op kunstgenot... zyn patroon zou hem leren!

Moet de geestdrift des Volks geput worden uit de tractaatjes over Vader, Zoon en Heiligen Geest? Maar eilieve, de geografisch-politische kennis der profeten en apostelen strekte zich niet uit tot Nederland, en als Nisard zich niet bedriegt, kennen ook de Engelen ons landje niet. De moraliteitsleer van Jezus zelf is hoogst onvolledig. Wy zoeken daarin vruchteloos naar voorschriften omtrent onze verplichtingen aangaande het Vaderland, en zelfs zou men nu reeds, vóór de annexatie, uit Matth. XXII VS. 21 moeten opmaken dat de bewoners van Enschede christelyk-verplicht zyn den Koning van Pruisen als heer te erkennen, want in die streken zyn veel Talers in omloop. Maastricht is volgens de vaderlandsliefde-leer van Jezus, voor drie-vierde Frans en Belgisch. Waarlyk, het is onbillyk op dominees en tractaatjesmakers te schimpen, als men nagaat, wat die lui een moeite zullen hebben om hun 'geloof' van pas te maken by zo'n annexatie. Eerst moeten zy, op grond van tekst die of die, aanvuren tot verzet. 'Er staat geschreven...' nu ja, 't een of ander dat precies past op den toestand. Ik zie al nederlandse juffrouwen in Bismarcks veldkabinet, hem met z'n eigen pennemes ontdoende van zyn hoofd, nadat ze 'm eerst, vals maar Bybels, heel hartelyk hebben in slaap gezoend. Nu, preken over Judith zyn makkelyk. Maar wanneer nu de Pruisen, minder gauw vervaard dan 't leger van Holofernes, zich eens niet lieten terugschrikken door zo'n jonkvrouwelyke liefelykheid? Wanneer ze eens doorgingen met annexeren, hoe dan? Hoe moet dan de dominee preken, en vooral hoe moet hy den overgang van Judith op de godsdienstige betekenis van pruisische Talers motiveren? Ik ben nu al benauwd voor 't gewring dat dien armen te wachten staat, en hoop dat zy kracht zullen scheppen uit Van der Palms voorbeeld, die den saut perilleux van loyauteit tot verraad en terug, zonder halsbreken gemaakt heeft. Napoleon I, by zyn bezoek te Breda, prees de protestantse geestelyken, en stelde hen hun katholieken ambtgenoten tot voorbeeld. Wy willen hopen dat de tegenwoordige voorgangers der gemeente niet verbasterd zyn, en elasticiteit genoeg zullen bezitten, om zonder breken, christelyk gelovig te buigen. Een pruisische Taler is, voor wie 't niet weet, ongeveer *f* 1,75 Ned. De prys van een cents-tractaatje zal zowat op twee penningen moeten gesteld worden. Het is goed zich intyds te oefenen in 't muntenstelsel dat, volgens den aangehaalden tekst zo'n byzonderen invloed uitoefent op den weg dien onze geestdrift te kiezen heeft.

Geestdrift? Voor wien? Voor wat? Meent men dat de hogere standen, als die ongelukkige Senator van Frankfort, Fellner, die de vryheid van zyn vaderstad niet overleven wou, het voorbeeld geven zullen van heldenmoed? Waarachtig niet. By het geringe volk zal nog nu en dan worden lucht gegeven aan den trouwens onmachtigen weerzin, tegen duitse taal, duitse manieren en duits-militaire blaasspelery. De geringe man zal moeite hebben om uit den weg te gaan voor den Herr Seconde-lieutenant, met z'n spanbroekje, kappers-jongens-frisuur en fatterig oogglas. Maar de deftige 'fatsoenlyke' Hollander zal zich al zeer spoedig schikken in het gezelschap van des Hochwohlgeboren Hernn General-Lieutenants Excellenz. Deftigheid kent geen natie. Als water en genie vindt zy overal haar plaats. Men maakte niet voor niets 'die grote reis naar Zwitserland'. Men voelt zich thuis in duits breedsprakigheid en duitse complimenten. Men heeft van Goethe gehoord, van Schiller, en waardeert die mannen hoog, zeer hoog. Wel beschouwd is die nationaliteit toch maar een vooroordeel (dát kan waar zyn, maar 't voegt niet allen dat te zeggen) 'en wat baat het zich te verzetten tegen 't fait accompli?' 't Is 'onfatsoenlijk' aan den weg te timmeren met principes; een deftig man stelt zich niet ten toon. Principes, tenzy ze wat opbrengen, horen thuis in de 'binnenkamer'. Dat hebben wy gezien. Nu, ík stel voor, alle nederlandse binnenkamers te vergroten tot het bevatten van al de vaderlandsliefde, die daar ducaten zal tellen voor turfdragers, om dat gild te bewegen tot ratificatie van de Pruisische overwinningen. Wat die turfdragers doen zullen, weet ik niet. Maar wat er zal beoogd en bewerkt en beknoeid worden door 't 'voorzichtig beleid' zoals nu reeds door Bosscha het 'diep buigen' voor den overweldiger eyphonisch genoemd wordt, weten wy. De toekomstige laagheid wordt reeds voorbereid door zulke vervloekte frasen, thans nu er nog geen oorlog is, nu 't de vraag blyft of er oorlog komen zal; wat zal het gevaar zelf, als 't voor de deur staat, den voorgangers van ons Volk in de pen geven? Mag men op enigen grond iets goeds verwachten van oproepingen tot geestdrift, uitgegaan van zulke zyde? En is 't niet te voorzien dat het volk, zo lang bedrogen door frasen, eindelyk, by 't lezen van de egelvergelyking, in woede uitroept: vlieg dan zelf naar de grens, gy, en verander zelf in een stekelvarken!

Maar om de nodige geestdrift op te wekken en vruchtbaar te maken, zou dan toch nodig zyn zekere samenwerking, verbroedering? Bestaat die? Waar? Is ergens ter wereld het bespottelyk verschil van stand (meestal gebaseerd op volstrekt *niets*) in zo verderfelyke maat aanwezig als by ons? O, zegt men, ons gemeen is *gemeen*. Je ne dis pas non, maar dat zou voor veel 'fatsoenlyken' geen geldige reden zyn tot afzondering. Men zie eens dat hollands fatsoen op reis, als het zich meent te mogen ontdoen van den toom dien 't zich aanlegde. Dan neemt het revanche voor jarenlange houterigheid, en de vreemdeling staat verbaasd over 't kwajongensachtige van zulk gedrag. Doch hierop zyn uitzonderingen, en aan de klasse die zich inderdaad zou verlagen door omgang met het gemeen, vraag ik: wat er gedaan is om den lageren stand te beschaven, en of niet een weinig meer broederlykheid die beschaving zou hebben in de hand gewerkt? Wat betekenen voorts allerlei microscopische afscheidingen tussen groot- en middelhandelaar, tussen kantoor en winkel, tussen 't wonen 'op' de X-gracht of in de Z-straat? Want niet alleen tussen zogenaamd hoog en zogenaamd laag heeft men scheidsmuren opgericht; elke klasse is verdeeld in onderklassen, en deze weer in afdelingen, zo fyn onderscheiden door nietig verschil, dat het sterkste oog van den geduldigsten opmerker daarvan schemert, en men eindelyk tot de slotsom zou komen dat het nederlandse volk verdeeld is in zoveel standen als het familiën bevat. Vanwaar zal de éénheid komen die macht maken moet? De ware volksgeest zal te onzent blyven ontbreken, zolang de zuurdesem der ouder Republiek die zich in 1848 opnieuw heeft binnengesmokkeld, zyn verderfelyken invloed zal doen gevoelen. Men zou zich desnoods het ideaal van vryheid, gelykheid, broederschap kunnen voorstellen onder een verlicht despotisme, onder een monarchie getemperd door vrees voor volksongunst (ik beweer daarom niet dat het daar altyd wordt gevonden, maar 't zou *mogelyk* zyn) onder een grondwet echter als de onze, waar geen koninklyke macht alle andere macht onder zich nivelleert, onder een grondwet die de verdrukking van 't ganse volk door een twee-, driehonderdtal familiën toelaat, aanmoedigt en voorschrijft, is gelykheid, vryheid, broederschap onmogelyk. Volksregering is een droombeeld, zolang 't volk zo ontontwikkeld blyft als by ons het geval is. In een monarchie is de behartiging van de belangen des Volks denkbaar. In een republiek valt het reeds moeilyker. Met een regering als de onze, een huichelachtig mixtum compositum waar den Koning 't recht ontnomen is om goed te doen, en elke fortuinmaker met weinig of geen kosten 't recht kopen kan om kwaad te doen, is de bescherming van het volk een onmogelykheid. Wie 't eerst op het denkbeeld kwam om het volk stem te geven in de beslissing der zaken, kan 't goed gemeend hebben. Maar te geloven dat dit geschiedt door het zenden van afgevaardigden op de wyze zoals zulks by ons plaats heeft, is ongerymd. Toch is 't mogelyk dat in Engeland, waar inderdaad elk burger aandeel neemt in de publieke zaak, zodanig stelsel een goed gevolg hebben kan, schoon ook daar de wyze waarop de verkiezingen plaats hebben, wel in staat is ons afkeer in te boezemen van zulk geknoei. In Nederland echter waar geen publieke geest bestaat, waar de rykste de beste is, *kan* zodanige wyze van verkiezing niet beantwoorden aan het doel. Voor jaren reeds maakte ik opmerkzaam op de ellendige samenstelling onzer Tweede Kamer. Ik geloof de eerste geweest te zyn die daarop wees. Thans erkent men (zonder ooit my te noemen, natuurlyk) de gegrondheid myner opmerkingen. Vóór de laatste verkiezingen werd overal geroepen om 'nieuw bloed' in de Kamer, maar de kiezers aan den ouden leiband lopende, hebben slechts gedeeltelyk aan dien wens kunnen beantwoorden. Ja, 't is de vraag zelfs of er over 't geheel (buiten Stieltjes) *iets* gewonnen is. Wanneer wy keuzen zien, als byv. te Haarlem, staat ons verstand stil by zoveel bederf. Maar 't was en is niet anders op veel andere plaatsen. Ook te Rotterdam handhaaft zich de Indische fortuinmakery op oude wys. Onlangs gaf de Kölnische Zeitung een beoordeling van onze Tweede Kamer, en zij noemde die een verzameling van nulliteiten. Op zéér enkele uitzonderingen na, moeten wy dit oordeel beamen. Zy zeiden voorts, en ook dit is waar, dat Nederland gebukt ging onder een domme plutocratie. Juist, en erger dan in Engeland, waar dan nog de omkopery geld in omloop brengt, weten zich te onzent de fortuinmakers te dringen in de ryen der wetgevers, sans bourse délier, alleen door 't prestige dat in Nederland wordt uitgeoefend door geldmannen, ook al geniet niemand iets van hun rykdom. In Engeland betaalt men de kiezers. In Nederland neemt men aandelen in allerlei maatschappyen, associatiën, negociatiën, en koopt daarvoor den invloed die er nodig is, zonder een cent te verliezen. Aandelen in couranten, ook rentegevend (dat spreekt van zelf) spelen een groten rol. Hoe 't geld, waarmee dat alles geschiedt, verdiend, of gewonnen is, doet er niet toe. 't Is een ware aanbidding van 't gouden kalf. Men vraagt er zelfs niet naar of zo'n kalf behoorlyk spreken, rekenen en schryven kan. De meeste kamerleden kan ik slechts beoordelen naar 't geen zy in die Kamer voor den dag brengen, of naar 't geen zy vóór zich houden by gelegenheden en als de door Thorbecke aangekondigde retraite van Betz, maar enkele van die heren ken ik in 't byzonder, en moet betuigen verbaasd te zyn over den afstand die onbeschaamde bêtise in weinig tyds kan afleggen. Ik nodig de heren die het faveur hebben den Haarlemsen afgevaardigde tot collega in de sectie te bezitten, uit, dat lid eens 't een of ander stuk te laten uitwerken of toelichten, maar... zonder bondgenoot. Voor weinig geld zyn er arme drommels te huren, die allicht meer voor den dag brengen dan verwacht worden kan van iemand die 't te druk had met thee, hammen, jachtgeweren, rolpens, ryst en tin, om zich ooit te kunnen toeleggen op studie van de publieke zaak. Nomina sunt odiosa, ja, ik heb daar een hatelyken naam genoemd, vooral hatelyk als ik dien in verband breng met bladzyde 91 en 268 van den Havelaar.

En zulke lieden regeren de natie! Zulke mensen keuren wetten goed en af. Is het niet onzedelyk de toekomst van het land in handen te geven aan een vergadering, voor zeven-achtste deel samengesteld uit zulke elementen? Is er liefde tot het volk, is er goede zorg voor het volk te wachten van personen die bewyzen gaven zo goed, al te goed, te kunnen zorgen voor zichzelf? Is er hoop op eendracht in een land waar de grote meerderheid aldus wordt prysgegeven aan een kleine bende, die naar welgevallen beschikt over de krachten der natie? Men wane niet dat de turkse-wip beweging van de ministeriën, dat perpetuum mobile van namen en zogenaamde systemen, iets verandert aan deze gebreken. Conservatieve ministeriën, liberale ministeriën, doctrinaire ministeriën, och, 't zyn alle voortbrengsels van één boom, verrotte vruchten van 't verrot parlementarismus. 'Die Servilen,' zeide eens de Kladderadatsch, 'haben gern *sehr-vieles,* und die Liberalen haben *lieber-alles.*' Zo is het. En in beide gevallen blyft er voor het volk niet veel over. Al weer moet ik de opmerking maken dat ik meen het eerst gewezen te hebben op de noodlottige gevolgen van dat party-gekibbel. Ik lees nu dagelyks in de couranten, dat men de waarheid myner beweringen begint in te zien. Dat is wel, maar waarom smaadde men my? Is de misdaad dan zo groot, iets op te merken en te openbaren vóór het zichtbaar werd voor het algemeen? Men zou al zéér langzaam moeten gaan, om niet nu en dan de intelligentie van het nederlandse volk vooruit te lopen. Er zal wel eens meer in later tyd, vooral wanneer ik sommigen niet langer in den weg sta, iets openlyk als waar erkend worden, dat men nu alleen durft beamen in de 'binnenkamer', maar ik vind dat men my daarom niet behoefde uit te schelden.

Of zou misschien dat uitschelden van iemand die den moed heeft te zeggen wat hy voor waar houdt, de geestdrift wekken van het volk, als die nodig wezen zal ter verdediging van de (zwaar belaste) haardsteden? Zou er vaderlandsliefde groeien uit die kleinsteedse zucht om ieder te beschimpen en uit te jouwen, die den vervelenden weg van 't dagelykse niet betreedt? Is dát de wyze waarop men ontluikende talenten meent te moeten aanmoedigen, volwassene te behouden, voor 't vaderland? Zou 't volk dankbaar zyn voor 't uitroeien en smoren van elke kiem, die ánders opschiet, ánders gevormd is, ándere vrucht belooft dan de gewone? En is de *wyze* van bestryding der weinigen die een anderen stempel dragen dan de jammerhartige geest des tyds meebrengt, geschikt om het volk vertrouwen in te boezemen op zyn voorgangers die, in allerlei vakken, herhaaldelyk voor den rechterstoel van 't algemeen geroepen, niet dáár ooit verschynen om rekenschap te geven van wat men hen verweet, maar zich wreken op oudwyfse manier door bakerpraatjes? Zou Bosscha's afkeer van 'bittere verwytingen' inderdaad gedeeld worden door het volk dat liever verdrukt en bedrogen wordt, dan verdedigd? Ik kan 't niet geloven, al lees ik nu byv. weder in een courant die altijd den onbeduidenden Thorbecke tot de wolken verhief, dat 'wel is waar grond voorhanden is om de uitbreiding der veeziekte voor een deel toe te schryven aan 't onder zyn bestuur verwaarlozen der gepaste middelen *(die hem N.B. behoorlyk waren voorgesteld!)* maar... dat men een overigens zo groot man, zulke fout niet al te zwaar mocht aanrekenen.' Neemt het volk er inderdaad genoegen mede, dat zulk een wezen voor onschendbaar wordt gehouden, en dat men in 't geheim, maar onvermoeid, iemand die zyn schuld aan de publieke zaak anders en beter betaalde dan zo'n Thorbecke, vervolgt op een wyze die hem 't leven byna onmogelyk maakt? Ik zie overal zulke blyken van verdorven rechtsgevoel. Voor 't minst dat men van den gewonen type verschilt (en 't is moeilyk niet daarboven uit te steken, want het algemene peil is laag) wordt men uitgemaakt voor een onverlaat, een monster. Den naam van den bekwaamsten dagbladschryver in Nederland, den enigen misschien die bekwaam is, hoort men nooit noemen zonder te toelichting: 'maar... hy is een slechte kerel!' Nóoit heb ik kunnen te weten komen, waarom? En ik vraagde er niet naar. Want komenyspraatjes staan me niet aan, en gewoonlyk berust ik in zulk oordeel, met de gedachte: ja, dát spreekt van zelf, zo moet hy u voorkomen, u die zo byzonder lamlendig braaf en zo byzonder *on*bekwaam lamlendig zyt.

Er is een kleinheid, een bekrompenheid van oordeel, die ons hele land niet ongelyk maakt aan 't dorpsbrugje waar de boeren zondag-namiddag hun praatbeurs houden, om uit te maken of 't horloge van Kees goud is op spinsbek, of Klaas schuld heeft aan de bevalling van Griet, of de bef van den dominee wel breed genoeg was, en of 't de dochters van Michiel wel past hoeden te dragen 'krek als de vrouwlui in stad'? Borrelpraat! En spreek daartegen, redeneer, betoog, kweel liefelyk of donder bars tegen dat gewawel in, het mag alles niet baten: 'Jae, 't zou toch wel konne wezen, zie je, det Klaes er skuld an hadde.' In Godsnaam! We willen voor Klaas hopen dat hy zich wete te redden.

Zal 't volk geestdrift putten uit de wyze waarop te allen tyde in Nederland talent beloond is? Vondel werd te werk gesteld (als kassier geloof ik) by de bank van Lening. Nomsz stierf in 't hospitaal. Fokke Simonsz was arm. Witsen Geysbeek schynt niet het nodige gehad te hebben zyn kinderen een redelyke opvoeding te geven, want ik heb zyn zoon gekend als *knecht* (niet als zogenaamd bediende) in een boekwinkel, op 't Damrak te Amsterdam. Bilderdyk leefde zeer kommerlyk. Al wat niet officieel-geleerd was, al wat niet behoorde tot wat Van Vloten 'Koningsgeleerden' noemt, was by ons te allen tyde geminacht, en werd ter dood toe vervolgd door de mannen *en place*. By 't noemen der namen van enigen die my te binnen schieten, wil ik niet geacht worden die mannen juist zo byzonder hoog te stellen. Maar hen metende met de zeer onjuiste maat die in Nederland gezag heeft, geloof ik dat het den Nederlanders niet vrystond hen te mishandelen. Want mishandelen is het, in den waren zin van 't woord. Mishandeling noem ik 't spannen van een fyn, vurig, edel paard voor een vuilniskar, al bezat dan ook dat paard die hoedanigheden slechts vergelykenderwyze, en in tegenstelling met de omgeving van zeer onedele ezels. En er moge dan van ezels niet anders te verwachten zyn, er zy dan toch oprechtheid in hun gebalk. Meent ge Vondel 't best te kunnen gebruiken in de bank van Lening, goed! Maar roem hem dan niet als dichter, en ontneem ons de hoop niet dat uw wreedheid onkunde is, geen valsheid. Verhef u dan niet op hem, en roem niet de vlucht onzer letterkunde in de zeventiende eeuw, tegenover den vreemdeling, wanneer die vlucht, dóór uw erkentenis, een zo sprekend getuigenis geeft van uw eigen laagheid. De natie is fundamenteel-oneerlyk. Zy neemt aan en gebruikt, wat er van iemand te halen is, en erkent daarna geen schuld die niet invorderbaar is by wege van rechten. Voor zes en dertig jaren was Van Speyk de held van den dag. Men had geestdrift nodig, en gebruikte zyn dood om die op te wekken. Thans hoort men zyn naam niet, en zelfs heb ik zyn daad horen bestempelen met den naam van 'bezopen dolligheid'. Wat wordt er gedaan voor de 'dapperen' die in 1831 vrouw, kind en beroep verlieten, om 't Vaderland te verdedigen, zoals 't heette? Wat voor de veteranen van Waterloo? De staat der fondsen 'voor den gewapenden dienst' en tot onderhoud van verminkten, kan antwoord geven op die vraag. Men ontmoet orgeldraaiers met meer koper op de borst dan een gehele dag in hun bedelnap tezamen brengt.

Zó ver gaat de onkunde en jammerhartigheid onzer dagen, dat toen er onlangs ('t kan een paar jaar geleden zyn) spraak was van 't oprichten ener statue voor den 'Prins der Nederlandse dichteren', iemand het oude sprookje opwarmde: dat 'Vondel zo dikwyls met de politie in aanraking was geweest'. Dit moest waarschynlyk betekenen dat hy meermalen dronken werd thuis gebracht. Het hem toegeschreven rympje: 'hoe groter geest, hoe groter beest' is 't meest populaire van al zyn 'gedichten'. En dit is natuurlyk. De meerderheid vindt haar rekening by een uitspraak die 't doet voorkomen alsof ze daarom alleen zo aanhoudend met veel succes haar geest wegstopt, om niet voor een beest door te gaan. *Als* 't waar wezen kon, dat 'geest' en 'beestachtigheid' hand aan hand gingen, zou men genoopt worden de nederlandse menagerie als zeer schraal bezet aan te zien.

Maar 't is *niet* waar. Lezer, hebt ge wel eens een 'bediende' gehad, die een 'beest' was? Ge antwoordt of: 'neen, nooit, ik zou zo'n bediende niet kunnen gebruiken,' of: 'ja, ééns... maar 't duurde niet lang, ik jaagde 'm weg.' Juist, gy zoudt zo'n bediende niet kunnen gebruiken. Zelfs voor 't machinaal routine-werk van uw kantoortje is een 'beest' onbruikbaar. Na een avond, doorgebracht in slempery, na een nacht vol vuile uitspatting, is 't hoofd verward, het oog dof, de hand bevend, nietwaar? Welnu, neem eens de proef van een maand 'beestachtigheid', één maand slechts, en beproef of ge daarna in staat zoudt zyn één blaadje te vullen met verzen als van Vondel, of met grappen als van Fokke, of met anderen arbeid van *geldwaarde*. 't Moet verkoopbaar zyn, al was 't dan maar een rymwoordenboek. Ik twyfel er aan of die proef u zou gelukken, en of ge zoudt volhouden dat het 'beest'-zyn, de werking van den 'geest' niet in den weg staat. Meent ge dat de bezigheid van den schryver, van den artist, bestaat in 't voortbrengen alleen van wat hy levert? Och dat voortbrengen is maar 't einde, de slotsom van zyn arbeid. Bevruchting en dracht, pynlyk en zwaar byna altyd, zyn de verlossing voorafgegaan, en waarlyk de denker heeft gedurende de maanden zyner moeilyke zwangerschap weinig lust om den 'beest' te spelen. Dat moet hy wel overlaten aan uw al te gemakkelyke onvruchtbaarheid. Voor zo verre ik spreek tot mensen van goede trouw, die inderdaad menen opgemerkt te hebben dat genieën *zedeloos* zyn of *onzedelyk*, beroep ik my op den parabel waarmee ik den eersten bundel myner Ideeën besloot, niet omdat er (zoals Lamartine meent) '*pour des héros et nous, poids divers*' zyn, maar omdat de leek veelal vergeet dat de artist zyn atelier niet kan opslaan in de achterkamer waar de oude juffrouw, half blind, genoeg licht heeft om haar kousen te breien op 't gevoel. Niet de 'héros' hebben aanspraak op andere maat dan 't gemeen, maar hun *arbeid* eist ander terrein. Men plaatse geen schip in 't meel, noch molenwieken in 't want, en vermyde de uiligheid van den grenadier, die Bonaparte voor 't eerst ziende na diens terugkeer uit Italië, grommend uitriep: 'ça un général... ça?... Mais, en s'en allant, il n'est allant, il n'est pas même parti du pied gauche!' Zo'n grenadier-wysheid bederft veel in ons land. Wy willen ons groot maken, door al wat uitsteekt neer te halen tot onze laagte. Dat is de ware manier niet om te stygen, want dit leidt tot voortdurende apotheose van 't kleine, en stelt premiën op middelmatigheid of erger. Zie alweer die Tweede Kamer.

En zie ook eens, op ander terrein, wat in Nederland den volke wordt voorgespiegeld als uitstekend, en men vrage zich welke *geestdrift* er kan ontstaan uit zulke voorspiegeling. Een voorbeeld. Zeker Professor, (Van Kampen heette de man, ik kan betuigen dat hy geen 'beest' was) had een 'bloemlezing' gemaakt 'uit Nederlandse dichters en prozaschrijvers'. Van Kampen had veel gelezen, wat dan ook al 't minst is dat verwacht worden kan van een hoogleraar, en wy mogen dus vooronderstellen dat hy zyn keuzen gedaan heeft op een wyd veld. Ik ben rein gebleven van zyn bloemlezing, maar onlangs aangekondigd ziende: 'een verkorte, tot schoolgebruik ingerichte, uitgaaf' van dat werk, schafte ik my die boekjes aan, althans 't proza-gedeelte. De keus uit het grote werk was gedaan door Veegens, den tegenwoordigen griffier der Tweede Kamer. Ik raad ieder aan die verzameling in te zien, en zich af te vragen of het nederlandse volk geestdriftig worden zal in dat Pantheon? Op zeer weinig uitzonderingen na (by herinnering noem ik slechts een paar stukken van den ongeletterden Haafner, en een grieks tafereel van Van Limburg Brouwer) is het grootste gedeelte van die *keur uit een keur*, de moeite van 't drukken niet waard, en ook de moeite van 't lezen niet, tenzy voor den onderzoeker die weten wil met welke spys men 't nederlandse volk meent te kunnen voeden. Jacht op styl, overal. Styl, nergens. Overal gemaaktheid, opgedrongen deftigheid, mislukte verheffing, brommende leegte, conventioneel schryversfatsoen, d.i. *leugen*. Dat de dominees en de S.S. theologiae professores een groten rol spelen in zo'n cénacle van letterkundery, spreekt van zelf, en wie 't register der boekjes aandachtig nagaat, zal ontwaren, dat wy nog niet zo heel ver verwyderd zyn van de tyd toen 't schryven monnikenwerk was, en letterkunde 't privatief eigendom der kerk. Maar voelt men dan niet dat op deze wyze die verouderde kerk alle frisheid aansteekt met haar verrotting? Dat alle vlucht onmogelyk is onder den domper van de gelovery? Gevoelt men niet hoe de gewoonte om nietszeggende zalvingspraatjes aan te horen, inwiegt tot slaperigheid, en voorbereidt tot genoegen nemen met 'frasen'? Is niet juist die ongelukkige hebbelykheid om klank te geven voor zin, de oorzaak dat onze toestand, ook in 't staatkundige, zo ellendig is? Zal men my recht doen, waar ik Bosscha's brochure (anders, by vergelyking, goed geschreven) leeg noemde: 'als een preek', en dat ik in zulke leegte juist de oorzaak meende te vinden van de dreigende ramp die hy in zyn brochure meende te bezweren? En eindelyk, zal men 't verband begrypen tussen myn wrevel tegen 'fatsoen', en myn aandringen op *waarheid*?

De natie is ziek, zeer ziek, en de naam dier ziekte, in welke vorm zy zich ook voordoe, is *leugen*. Stryd tegen leugen, opstaan voor waarheid, is 't ware naaldgeweer dat wy moeten aanleggen op den vreemdeling die onze grenzen overschrydt. Er is geestdrift nodig, en die komt niet over 't volk, in den slaap. Het eentonig frasengezeur zal 't niet wekken. Geen wiegelied veroorzaakt wakkerheid. Daartoe is 't schel geluid nodig van de trompet, en by gebreke daarvan of onvoldoendheid, een stomp, een stoot, hevige schudding. En de slaapdronkene moge toornig zyn over 't verstoren van zyn rust, misschien verandert die toorn in dankgevoel, wanneer hy later inziet dat er welwillendheid lag in de ruwheid waarmee men hem aanvatte.

Wie niet horen wil, moet voelen. In weerwil myner *opiniën* over Vaderlandsliefde, vrees ik dat in myn *gevoel* de natuur sterker zou wezen dan de leer. Ik gloei by de bedachte een vreemdeling te zien heersen in ons land. Misschien zou er blyken welk onderscheid er bestaat tussen de fatsoenlyke aanhangers van 'voorzichtig beleid' en iemand die zo bar aanklaagt waar hy zich gedreven voelt door verontwaardiging...

Wie niet tevreden is met my schryven; wie zich stoort aan myn toon; wie meent dat ik de natie beledig; wie denkt z'n vaderlandsliefde te moeten tonen door mooipraten en 'frasen'; wie me houdt voor een monster of voor geestig en byzonder slecht; wie 't lelyk vindt dat ik bitter ben; wien ik stoorde in gestolen 'rust' of in 't tellen van ducaten voor turfdragers, in z'n 'binnenkamer'...

Hun allen geef ik rendez-vous op de grens, als daar 't lamme Heil dir im Siegerkranz in hun hollandse oren zal klinken als een donderslag.

Leve de koning!

Gerard Reve

De zinkput die Nederland heet

Aan Jan Brokken

'La Grâce', 12 September 1976

Zeer geachte Heer Brokken,
Dank voor Uw brief van 6 September jongstleden, die ik gistermorgen ontving. Het opdiepen en uitgraven van mijn jeugd, van de 'beginjaren van' (mijn) 'schrijverscarrière', kortom, van mijn verleden, schijnt veel mensen te fascineren, maar is voor mij buitengewoon onaantrekkelijk: het is niets anders dan ellende, wanbegrip, misverstand, en jaar in jaar uit belasterd en bespogen worden. Je kunt in Nederland je veel beter ophangen dan schrijver worden. Of, liever gezegd, je kunt je beter in ieder geval ophangen. Ik heb vroeger vaak er over gedacht, om er op één of andere manier uit te stappen. Ik zou er nu nauwelijks minder reden toe hebben dan toen, maar het is nu niet meer de moeite waard, als ik tenminste niet al te oud word, wat God verhoede.

Het soort gesprek, waarop U doelt, levert zelden of nooit iets zinnigs op. Er zijn in mijn schrijverscarrière honderden mensen met vulpen — later met een geluidsband — over de vloer geweest, maar twee, drie, misschien een half dozijn van hen begreep ooit iets van wat ik trachtte uiteen te zetten. We leven in een tijd van toenemende algemene veraping, waarin zelfs de zogenaamde cultuurdragers geen vergelijking kunnen volgen, noch een samengestelde gedachte begrijpen, noch een zin met bepalende bijzinnen ontraadselen. En waar gaat het om, waar zoekt men naar? Met wie ik naar bed ben geweest, die nu minister, operazanger(es), bankdirecteur, politicus, hoofdredacteur van *Vrij Nederland* of *De Maasbode* is geworden. Maar wat mijn werk voorstaat en wat ik, bewust of onbewust, tegen alle onbegrip in, gepoogd heb te vertolken of tot duidelijkheid te brengen, dat is hun allemaal veel en veel te moeilijk.

Naar het Vaderland kom ik voorlopig niet meer — als het aan mij lag, nooit meer van mijn leven. En hier ben ik blij, dat ik in alle rust kan werken, en in dit gezegende dorp nooit iemand aan de deur krijg — de Fransen kennen die vulgaire bemoeizucht en opdringerigheid niet, die de gemiddelde Nederlander zo onuitstaanbaar en in het buitenland nog gehater dan de Duitser maakt.

Ik wil U wel per brief op vragen antwoorden, maar ik kan niet met U samen een documentaire gaan maken. Waar bepaald materiaal gebleven is, wie weet waar wie nu woont, of het waar is dat ik in Londen toen en toen een verhouding heb gehad met Ann R., wat moet ik tijdens een gesprek met al die schijnproblemen doen? Ik ben van nature beleefd en hulpvaardig en wil niet bij voorbaat iemand veraffronteren, maar veel van wat ik dan zeg, geef ik tegen mijn wil prijs. In een brief, of brieven, kan ik ook eens het antwoord op bepaalde vragen weigeren. Er is heel veel in mijn geteisterd en rampzalig leven, dat, wat mij betreft, beter verborgen en verzwegen kan blijven. Geen misdaden, maar beschamende stommiteiten en ijdelheden. God weet het allemaal, en dat is mij voldoende.

Het beste kunt U zo veel mogelijk letterlijk uit mijn brieven citeren, dan komt er geen onenigheid.

Wat wil de redactie van Uw buitengewoon vooruitstrevend en mensenlievend weekblad voor mijn medewerking betalen? Heel weinig, vermoed ik, dat ik waarschijnlijk onder een of ander voorwendsel nooit zal ontvangen. Ik vind *De Haagse Post* een onrein blad, met een onzindelijke, vieze hoofdredacteur en een totaal incompetente redactie van het schuim uit de riolen. Ik begrijp niet, hoe een mens, die zichzelf en de gewone menselijke fatsoensnormen respekteert, aan iets dergelijks zin heeft mede te werken. Mij heeft het blad, zolang als het bestaat en ik schrijf, zonder ophouden belasterd en verdacht gemaakt; nooit is de redactie iets dat tegen mij verzonnen werd, te goor of te infaam geweest om af te drukken. Waarom publiceert U niet in een mensenblad, zoals het weekblad *De Tijd*? Of in *Elsevier Magazine*, dat tenminste nog een heel behoorlijk percentage objectieve, degelijk geverifieerde informatie bevat? Of staat U categorisch aan de zijde van het rode fascisme, te weten het maniakaalmarxisme?

Over de historische merites van Uw overigens heel lezenswaardige beschouwingen over Hans Lodeizen kan ik niet oordelen, omdat ik geen enkele rechtstreekse kennis bezit van zijn leven. Ik vind het een beetje sentimenteel van visie, maar toch heel genuanceerd. Voordat ik het vergeet: 'beschermer Q.' is niet de Heer Lodeizen senior, maar heel iemand anders, hoewel ook betrokken bij de scheepvaart.

Er gaat binnenkort een voor mij gunstige periode in, van ongeveer 6 weken, waarin mijn Uranus een sentiel met Mercurius maakt — in mijn horoskoop, die overigens niet zo tragisch en onfortuinlijk is, integendeel, een vrij uitzonderlijke constellatie. Ik wil die even kostbare als korte tijdspanne niet verdoen aan beuzelarijen zoals een vraaggespek.

Wilt U voor mij opzoeken en mij opsturen de bespreking, in *De Haagse Post*, door Aap Muis, van *Een Circusjongen*? (Eind 1975, begin 1976, vermoed ik.)

Zoals gezegd: ik ben al meer dan genoeg vertrapt en vertreden en belazerd en opgejaagd en uitgebuit geworden, en ik heb er meer dan genoeg van. De HP mag over mij haar obligate lasterverhaal lanceren, maar voor mijn medewerking daaraan zal men mij terdege moeten betalen.

Nu, laat ik U maar het beste wensen in de zinkput, die Nederland heet. Met kollegiale groet ben ik Uw

Gerard Reve

KAREL VAN HET REVE

Moskou beter dan Amsterdam

Het klinkt vreselijk onaardig, maar als in Moskou vijf buitenlanders bijeen zijn beginnen ze al gauw aan elkaar te vertellen wat er allemaal in Moskou verkeerd is. Het doet er helemaal niet toe of het Polen, Amerikanen, Nederlanders of Tsjechen zijn. Het aantal klachten is eindeloos, en de anekdotes die deze klachten illustreren zijn zeer gevarieerd.

Laatst heb ik zo'n gezelschap buitenlanders verwijtend toegesproken. Waarom, zei ik, steeds maar afbreken, schelden, kritiseren, kankeren? Laat ons toch openstaan voor alle groots dat hier verricht wordt in plaats van steeds maar te zeuren over kleinigheden.

Iedereen was het met me eens. Sterker: we besloten meteen van onderwerp te veranderen en die avond alleen nog maar te spreken over de dingen, die naar onze mening in Moskou beter waren dan in Amsterdam.

Verschillende aanwezigen begonnen met de twee dingen waar ons van Russische zijde voortdurend op gewezen wordt: de lage huren en de kosteloze medische verzorging. Bij nader inzien besloten we beide dingen, hoe mooi ze ook op zichzelf mogen zijn, niet in onze lijst op te nemen. Die lage huren namelijk gaan samen met een grote woningnood. Men betaalt weinig huur, maar men heeft ook heel weinig ruimte. Wie veel ruimte wil hebben moet een flat kopen, en dan ontlopen de prijzen in Moskou en in Amsterdam elkaar niet veel.

Toen ik laatst aan Russische kennissen vertelde dat ik in Amsterdam voor 130 vierkante meter (Russisch gemeten, dus zonder badkamer, gangen, trappen, wc, keuken etc.) ongeveer 140 roebel per maand betaalde, zeiden ze dat wie in Moskou 130 meter wilde hebben dat ook wel zowat betalen moest.

Wat de medische verzorging betreft moet men bedenken, dat die weliswaar gratis door 'de staat' verstrekt wordt (behalve de apotheek), maar dat hij natuurlijk tenslotte toch door de bevolking moet worden betaald, want het geld moet ergens vandaan komen.

Gepriviligeerde groepen hebben bovendien een betere medische verzorging, in Rusland net zo goed als in Nederland. Als minister Jekaterina Foertseva een kind baart ligt ze niet, zoals misschien haar werkster, op de gang van de kraamkliniek, maar naar ik sterk vermoed in een eigen kamer. Schrijvers hebben in Moskou hun eigen ziekenhuis en polikliniek ('waar je zonder in de rij te staan je water kunt laten nakijken', zoals een literator mij zei).

Die betere verzorging van de happy few wordt door de massa des volks door indirecte belastingen opgebracht, terwijl bij ons de rijken hun betere medische verzorging zelf betalen. Dat wil allemaal nog niet zeggen dat de medische verzorging in Rusland slecht is, maar er is geen reden om aan te nemen dat zij beter is dan in Nederland.

Wij werden het ten slotte eens over het volgende lijstje van zaken die in Moskou beter zijn dan in Amsterdam:

1. *Telefooncellen.* Overal in Moskou staan telefooncellen (uit het raam van mijn kamer zie ik er zo al zes), zodat je, waar ook in de stad lopend, altijd je huis kunt opbellen. Dat is in Amsterdam zo goed als onmogelijk.

2. *Schone straten.* In Moskou worden de straten regelmatig en goed schoongehouden. U hoeft maar even uit het raam te kijken om te zien hoe het in Amsterdam is.

3. *Centrale verwarming.* Zover ik weet worden in Rusland geen huizenblokken gebouwd zonder centrale verwarming, terwijl de 'koudwaterflat', zoals dat in Amerika heet, in Nederland nog steeds gebouwd wordt, met alle gevolgen van dien.

4. *Stadsverwarming* ken ik niet in Amsterdam, maar wel in Moskou.
5. *Suikerzakken.* Dat is iets heel merkwaardigs. Als je in Amsterdam een pond suiker koopt in een papieren zak en je gooit die zak leeg in de suikerbus, dan moet je een hele tijd schudden en tegen de ondersteboven gehouden zak tikken voor hij leeg is — en echt leeg krijg je hem nooit. In Moskou heeft men een papieren suikerzak die als je hem opent en op zijn kop houdt in één seconde totaal leeg valt. Tegen een kleine vergoeding ben ik bereid een Nederlandse suikerverpakker zo'n zak toe te sturen.
6. *Weerbericht.* In de Pravda wordt altijd de te verwachten temperatuur in graden Celsius opgegeven. In *Het Parool* staat alleen maar 'dezelfde temperatuur als vandaag of iets hoger'. Als je een dag of wat drinkend, studerend of ziek thuis hebt gezeten weet je niet welke temperatuur je de volgende dag moet verwachten.
7. *Banken op straat.* Langs de openbare weg in Moskou is veel meer gelegenheid tot zitten dan in Amsterdam. Daar staat de afwezigheid van caféterrassen tegenover, maar toch.
8. *Groen.* Niets dan goeds over de afdeling Beplantingen van de gemeente Amsterdam. Maar de gemeente Moskou plant nóg sneller en nóg meer, geloof ik, wat vooral zo geprezen moet worden omdat de vorst hier een groot probleem is: bomen die in het bos door elkaar, door gevallen bladeren en door de sneeuw beschermd worden, staan hier naakt in het koude asfalt en vriezen vaak dood.
9. *Post.* Wij hebben hier, net als in Nederland voor de revolutie, drie postbestellingen per dag, ook op zaterdag en ook op zondag. Een brief uit Nederland wordt door het Moskouse internationale postkantoor weliswaar een dag of vier vastgehouden en beroken, maar ik kan tenminste drie keer per dag naar de brief uitkijken.
10. *Brood.* Over het algemeen is het brood in Moskou van betere kwaliteit dan in Amsterdam. De meeste Nederlanders hier vinden dat.
11. *IJs.* Zie boven.
12. *Winkelsluiting.* Veel winkels zijn hier tot acht, negen uur open. Ongemakkelijk is dat ze tussen de middag meestal een uur dicht

zijn en 's morgens vaak pas om tien of elf uur open gaan, maar toch.

Ik ben benieuwd hoe deze lijst er over vijftig jaar uit zal zien. Misschien zal hij langer zijn geworden. Misschien ook zal hij over vijftig jaar korter zijn, omdat ons land dan de Sovjet-Unie zal hebben ingehaald en voorbijgestreefd.

J.J. Slauerhoff

Het Hollandse geestesleven is een Danaïdenvat

Het 'dilemma' varen of zich vestigen staat centraal in de brieven van Slauerhoff. De hier gepresenteerde brieven en fragmenten van brieven stammen uit de tweede helft van de jaren twintig. Ze zijn gericht aan Slauerhoffs vriend Arthur Lehning en diens vrouw Annie Grimmer, die hij 'Larrios' noemde. Slauerhoff schreef zijn — in het oorspronkelijk handschrift bijna onleesbare — epistels vanaf de verschillende schepen waarop hij als scheepsarts had aangemonsterd.

(Augustus 1925)

Ik droeg jullie elk een vers op. Ik hoop niet dat je mij koel en terughoudend vindt. Ik ben dichter bij de pool geboren dan jij. En jij (jullie) hebt meer voor mij gedaan dan alle menschen in Holland te samen en dat zal ik eeuwig onthouden. Uit Genua schrijf ik weer, anders Port Said. Heb nog hier achter wat voor Annie geschreven.

Liefste Larrios.
Ik vond het vreeselijk je te zien verdwijnen. Dat was het afscheid van Europa. Maar je hebt mij zooveel meegegeven en over twee jaar zien wij elkaar terug.

Je hebt mij veel beter gemaakt dan ik was. Om mijn betrekkelijke ondankbaarheid te verklaren geef ik dit versje erbij. Ik weet natuurlijk niet of je 't mooi zult vinden, maar 't is zoo. Ik wist nooit dat een vrouw zoo sterk, zoo zacht tegelijk kon zijn dat ik het weet is gelukkig (...)

In de wijdste wereldsche weelden heb ik gezworven
Gerust aan de schoonste ongenaakbaarste borst
En ben kort daarna gevallen gezonken, bijna gestorven
Van kommer, heimwee. Van honger en dorst.

Toen, weer tot het lot der goden gerukt geheven
Kon ik, van smart verdord, tot geluk niet meer rijpen
Kon niet meer minnen omhelzen en drinken nog maar even
Naast mij lagen de vreugden; vrouwen, vruchten voor 't grijpen.

Naar een groot koud geluk wil ik ontvlieden
In een klein zwart schip dat geen land meer bezeilt
Om, alleen met de golven die niet meer loven en bieden
Onder de waatren die alom stilte gebieden
In te gaan tot een dood diep en wild overijld.

s.s. Vondel 28 Aug. 1925.

Jullie zitten nu idyllisch en tevreden in Le Croisic op de rotsen of er naast. Gelukkig mensenpaar zoo lang van alles te kunnen genieten. Voor mij is een dag al veel. Het scheiden viel zwaar zooals reeds vermeld, de reis mee. Wel sliep ik niet, wel was Zwitserland in een regenwolk gehuld. Maar ik kwam goed in Genua aan een bad was voldoende mij goed te voelen. Het was vrij heet. Campo Santo dat ik bezocht benauwend ook door de structuur. Geen grafheuvel zooals Père-Lachaise, maar een steen en marmermassa waartussen slechts enkele schrale cypressen. Geen prachtige allegorieën zooals op Père-Lachaise, maar getrouwe reproducties van zeer brave en zeer beweende burgers. 's Middags vernam ik dat het schip eerst 's avonds laat ging. Dus spoedde ik mij de stad uit naar Pegli. Op de ontwrichtend rammelende tram zat ik toch te slapen. (...)

Pegli was aardig hoewel wat tussen berg en zee gekneld. Geen strand, de badenden zaten zoo op 't puin voor zoover zij niet in zee vertoefden. Een absoluut sans gêne en groot rumoer. In 't stadje zag ik een paar kinderen uitmuntend door schoone gelaatstrekken en gezichten, groote vuilheid een contrast dat mij zeer behaagde. Hier en daar gingen kleine rotskapen in zee — op een daarvan stond een ronde bank van steen — maar zoo gevormd, dat zelfs mijn lichaam zich een poze van rust kon geven, terwijl naast mij een genueesch paar zich innig omstrengeld hield ongestoord door mij — ik sliep weer telkens. Nam daarna, spaghetti, risotto, andere rommel vlak aan zee. Rammelde terug, kreeg hoofdpijn, betrad het schip — nog te vroeg — wandelde de haven om, wéér te vroeg — de hijschkranen ratelden ontzettend. Ik had groote lust om niet mee te gaan. Echter ben ik gekleed in mijn kooi gaan liggen terstond ingeslapen. Toen ik wakker werd waren wij in volle zee in diepe duisternis.

De volgende dag bleken vele Fransen, Engelschen, Italianen en zelfs Egyptenaren aan boord te zijn, waarmee ik spoedig in kennis kwam. Helaas gaan zij in Port Said van boord. Dan ben ik op de Hollanders aangewezen, waarvan de geschiksten mij natuurlijk nog veraf staan en 't meerendeel allerantipathiekst is. Goddank behoef ik niet naar een kleine Indische plaats gedwongen 5 jaar met dezelfde categorie om te gaan (...).

Bij 't wakker worden, vooral 's middags, vind ik 't altijd nog even beroerd, hier op dit schip te zitten, meegevoerd. Ook dat zal wel beter worden als ik op mijn eigen schip zit. Toch denk ik nog dikwijls aan 'voor twee jaar'. Maar misschien duurt het langer. En jullie gaan naar Bergen. Voor Holland is dit wel een geschikte plaats. Toch ben ik eenigszins huiverig voor jullie. Nergens is het zoo moeilijk jezelf te blijven als in Holland en vooral à deux. Maar jullie bent wel gehard door Berlijn Weenen Parijs. Dus probeer het. Toch hoop ik dat als wij elkaar weerzien het niet zal zijn op hollandschen bodem. Ik geloof dat je in Bergen wel op zult schieten met Holst en Ch. Toorop. De rest ken ik niet, komt er weinig op aan. Nu 'meine Lieben' schrijf mij eens gauw en veel, ik zal het ook blijven doen. Adresseer voorloopig: Dr. v. Leent, Tandj. Priok. Later nader adres. Schrijf van alles, daar ik overigens niet veel correspondentie zal houden. Verdeel het; Annie binnenlandsche, Arthur buitenlandsche jokes. Of zoo je wilt. Salut. In gedachten omhels ik jullie beiden hartelijk — maar een voor een.

s.s. Vondel 13 Sept. 1925

Morgen hebben wij Sabang en zijn dan daarmee in de Archipel aangeland. Ik vind het een heerlijk idee dat ik er zoo spoedig weer uit zal varen. De meesten hier hebben vooruitzicht om 5 à 6 jaar vast te zitten. Affreus.

De reis gaf mij tot nog toe weinig nieuwe sensatie. Alleen een dag flinke storm na 't passeeren van Kaap Guardafui. Wij kwamen slechts met zes menschen aan tafel en hadden 't genoegen door een stortzee met stoel en al tegen de verschansing aangesmakt te worden, wat mij op een scheenbeenkneuzing de scheepsdokter op een verstuikte arm kwam te staan. Het was een schitterend tafreel menschen en stoelen door elkaar. In Colombo vond ik weinig verrassends hoewel wij met een auto tamelijk ver de stad zijn uitgegaan. Vonden alleen een idyllisch plekje op een rotspunt, maar iets waar je met je tweeën misschien voor schwärmt wordt een mooi saai plaatsje als je er alleen voor zit.

Gisteren was er bal masqué, waar ik opperhoofd van een Indianenstam zou zijn en een aanval zou leiden op de bleekgezichten om enkele der begeerlijkste squaws aan de martelpaal te binden. Helaas mijn maag verzette zich tegen deze oorlogszuchtige neigingen en ik deed niet mee.

Anders voel ik mij uitstekend — heb werkelijk een indianen kleur. Ik vind het een ellendig idee dat ik zoo'n half lijk was, onze laatste samenkomst en daardoor niet mijzelf tegen geen van jullie beiden — w.i.w. ben ik dat zelden heelemaal, maar toen toch heelemaal niet. Toe schrijf mij eens geruststellend dat je verzachtende omstandigheden in aanmerking neemt Annie, verhardende Arthur.

En kwellend is het me nu zooveel anders te voelen en op zoo'n afstand te zijn, die telkens grooter wordt. In Japan zit ik wel heel ver af. Welke sentimentele overwegingen! Ik adresseer deze brief na eenige aarzeling aan Marsman. Ik vrees dat van Rue M. Ange wanneer je daarvandaan bent de opzending niet geschiedt. Eenige verzen die herinnering aan St. Germain en Laye en omstreken behelzen bewaar ik nog totdat ik jullie nieuwe adres heb en de uitdrukkelijke wensch ze te krijgen. Dat zal dan nog wel even duren. Houdt mij zooveel mogelijk van jullie lotswisselingen op de hoogte ook — als 't mag — de interne en wat je van politiek en literatuur hoort, want behalve met jullie correspondeer ik weinig en dan nog sporadisch.

In Batavia laat ik mijn vriend de opnames ontwikkelen en zend deze direkt voor zoover geen miskramen. Hoe vind je het in 't verre Oosten zoo 't levenslicht te krijgen. Zend mij ook nog eens foto's als je hebt, je weet dat soms:
'heimweelijders woelen onder hun koffers naar 'n oude brief of een vergeeld portret.'

Dat kon mij ook overkomen. Dag mijn lieve schat Annie, dag eigen dierbare Arthur — adieu, adieu en herinner u mijner.

a/b Tjiliboet (Poststempel 4.5.26)

Gelukkig in het veilige bezit van twee brieven en drie briefkaarten gekomen in Priok. Eindelijk eens niet teleurgesteld daar. Ik vind het heel prettig idee dat er denkende gesprekken met mij gevoerd worden maar heb toch liever brieven. Als je half suf van een brandende kustreis komt, is het zoo opwekkend wat uit het andere land te hooren. Dat kan je dagen in een goede stemming houden.
(...)
Ik hoop nu gauw ook de Antithesen te lezen, want ik heb daartoe maar een abonnement op de Stern genomen, om eens wat te lezen te hebben. T.o. de literatuur sta ik wel anders, lees soms tijden geen verzen en 't Hollandsche geharrewar vind ik dégoutant.

Annie wat schrijf je mooi, ik ben er jaloers op, probeer telkens beter, 't lukt niet en ik word weer boos. Ik wou dat ik het zoo kon. Gelukkig maakt Arthur mij in dit opzicht minder jaloers. Als ik terugkom gaan we een oude kof huren met zijn allen zwemmen en zeilen en andere gezonde dingen doen. Nog een jaar en 5 maanden neen langer, dan is het net winter of gaan we weer naar de Méditerranée Sanary lijkt me lief.

Dus toch naar de Heimat over twee maanden, dus nu bijna. Keep strong! Ik stuur deze aan Henny en hoop dat hij hem niet weer zoo lang onder zich houdt als de kimono. Hij schijnt nogal down dus heeft jullie wel noodig. Arme dichter-lijken (2 substantieven).

Arthur belooft uitvoeriger te schrijven maar deed het tot heden niet. Dus moet hij niet boos zijn als deze brief zich wat veel tot Anuschka richt. Ik zal toch eens zoeken of ik iets leuks voor de graaf van Lehning vinden kan, maar wat moet ik zoo'n anarchist nu cadeau geven een handgranaat. Noem eens wat op hoewel ik onderwijl mijn best doe. Alleen pakjes sturen naar Holland is een karwei, wat heb ik met die kimono geloopen. Ik was boos toen ik nog dacht dat er niets komen zou van goede ontvangst.

Ik moet nog even een zalfje klaarmaken (dat lieg ik maar ik wou uitscheiden — moet nog meer pennen). Schrijf toch niet te zelden het helpt soms zoo en de middenperiode die nu aanbreekt zal lastig zijn om geduldig door te komen.

(Dairen) 12 Sept.(1926)

Over Siberien hoop ik je weer eens te bereiken.

Ik heb geloof ik een poosje niet geschreven. Net als Annie zei, ik heb die tijd wel in gedachten met jullie omgegaan. Kun je het in Holland uithouden? 't Lijkt me moeilijk er zijn weinige goede in het geheel geen groote geesten voor zoover ik weet. Maar waar zijn die nog wel? Over een paar dagen word ik 28 wat een leeftijd. (...)

Van Chin-nam-po uit reisde ik een eind in Korea. Van hieruit hoop ik Mukden misschien Kharbin te bereiken. Toch blijft het zeer vluchtig, een paar dagen geven maar een indruk.

Korea was prachtig, natuur en ras en steden. Er moet daar ergens een wonderland zijn waar ook Boeddhas zijn geboren: Kongosan. Zullen we daar eens heen gaan? Kom dan over met de Siberia-expres, 16 dagen reizen of zijn jullie gevestigd?

Het leven aan boord wordt meer dan ondragelijk. Die menschen! Vandaar dat ik zoo dikwijls vlucht. Denkelijk spoedig een ander schip, maar dat blijft vrijwel hetzelfde.

Hoe gaat het met het blad? De opzet is goed maar is Holland het waard, dat is de quaestie, geeft schrijven vooral dáár waar zooveel geschreven is en zoo slecht zoo mak, nog iets. Het Hollandsche geestesleven is een Danaïdenvat of heeft helemaal geen diepte. Als het nog bestaat als ik terugkom zal ik met ijver meedoen, van hieruit is 't onmogelijk, misschien dat ik iets stuur als ik een paar no's gezien heb. Wil je s.v.p. een paar no's van de Querschnitt sturen ik ken een Oostenrijkse arts in Shanghai die er graag wat van lezen zou. Ik wil het ook wel eens zien.

Zie je veel menschen in A'dam? Ik denk het wel niet maar ga met niet teveel menschen om. Ik heb je weinig te zeggen op het oogenblik, ik wordt het meest beziggehouden door een dilemma. Ik zou graag ergens in China of Mantschoerije gaan zitten groote landen met verrassingen. Maar alleen heb ik geen zin, medestanders in Holland zijn er niet en 't zou alleen gaan door al 't Hollandsche en Europeesche af te leggen en dat is toch wel weer zonde, 't is de vraag of je het zonder stellen kunt.

In Hongkong hoop ik weer eens een anregende brief te vinden. Het is mij een weldadig idee dat jullie in Holland bent als ik terugkom.

1 April '27

Toch weer brieven van jou, ik was er heel blij mee maar schreef niet dadelijk terug te zeer in de misère verkeerend. Ik maakte een reis met hevige kou op een onverwarmd schip al sukkelend, eerst bronchitis en voordat het over was influenza. Dagen lang in een smalle kooi in een donkere hut. Koude geen bevriend mensch bij je is niet happy. In China Wan Tao ben ik half ziek toch maar een rit op een muilezel gaan maken, toen was 't eerst recht mis.

Op de terugreis nauwelijks beter, 2200 passagiers, koelies slaven veel zieken en dooden. Duizend was nog te veel voor zo'n schip de menschen stikten half, in die ruimen. Zouden congressen tegen koloniale onderdrukking helpen? Van hieruit lijkt het mij wat dilettantisch.

Het tijdschrift is mooi, ik zal een bijdrage sturen. Maar is het levensvatbaar? 't Lijkt me te algemeen, ik hoop dat het standhoudt. 't Voornaamste is 't zoover te brengen dat Europa een wordt. Wat hebben jullie weer een verandering meegemaakt die inwijding van je hoofdkwartier. Ik weet niet of die koude moderne aankleeding zou bevallen, je weet ik ben nogal ouderwetsch maar jouw aanwezigheid zou 't veel verwarmen.

Je vraagt of ik in September terugkom dan wel nog een jaar blijf varen. Dat is een moeilijk probleem. Je weet dat ik het leven aan boord en in Oost Azië niet bepaald bemin. Maar ik voel me zoo los en zoo vervreemd van alles dat ik er ook tegenop zie terug te komen, ik verlang soms erg, maar als dat ook weer teleurstelt wat dan? Daarbij komt dat het dubieus blijft of ik in Holland in mijn vak dat ik in vele onderdeelen verleerd ben aan de kost kan komen. En in overig Europa? Het is een dilemma.

Als ik terugkom, halen jullie me dan weer van St. Germain of Zwitserland of ander heerlijk oord, als mijn gasten. Dat zou heerlijk zijn. Als ik kom is het October, met een mailboot of December met een hadjiboot als ik die krijgen kan.

Waarom heet jullie krant toch i 10 (...).

Blijven jullie nu levenslang in A'dam?

(Poststempel 21-5-27)

Ik was lang ziek geweest malaria en had tijdens de herstelperiode een vreeslijk enerveerende geschiedenis, zoodat ik maar niet goed word, soms down ben, niet zoo erg, niet zoo erg vaak maar toch...

Wat jammer dat Arth ook zoo te kampen heeft met zijn gestel. Hoe graag had ik hem niet als lijfarts vergezeld naar Ascona. Dat zou voor mij ook goed zijn geweest. Ik mag niet hopen dat het nog gebeurt want Arth moet maar beter zijn als ik terugkom. Als of liever wanneer ik terugkom? Hier in Oost Azië krijgen allerlei dingen vat op je langzaam maar zeker. Daarentegen worden de verbindingen met Europa vager. Jij anders kunt nu wel schrijven dat ik niets hooren laat. Maar 't is andersom en dat doet mij ook naar teruggaan minder verlangen. En je vraagt wat ik zou gaan doen, dat is 't juist iedereen vindt iets dat bij hem past alleen ik niet. En die heeren (Buning etc.) kunnen gemakkelijk schrijven dat je er best wat bij kunt doen. Maar ik, altijd wordt ik natuurlijk op 't arts zijn gewezen wat mij au fond niets beteekent. Dan lijkt vaak de eenige oplossing maar blijven varen in arren moede.

Toch denk ik mij wel los te maken en terug te komen tenzij ik absoluut vastraak wat soms weinig scheelt. Veel zou mij helpen de afspraak dat jullie mij tegemoet reizen naar het zuiden en daar ergens een poosje mijn gast bent om mij Europa weer binnen te halen. Ik zou het niemand liever laten doen.

i 10 (waarom) laat ik wel eens aan menschen zien maar ze voelen er weinig voor jij hebt geen idee van Indische samenleving en Westersche beschaving v.h. Oosten.

Natuurlijk wil ik mij wel abonneeren. Ik zal ook een bijdrage sturen over de Chineesche slavenhandel als ik die eens rustig af kan maken, je begrijpt dat daar de laatste tijd niet veel van kwam.

Grijze haren van het tijdschrift. Waarom doen jullie het dan? Zeker omdat het 't eenigste is wat je in Holl. (W. Europa) doen kunt. Ik zou graag in China op avontuur gaan het eenige land waar dat mogelijk is (behalve Z. Amerika) maar ik kan mijn gezondheid niet vertrouwen daar stuit altijd alles op af.

Schrijven doe ik nog wel maak je daar niet bezorgd over. Publiceeren voel ik niet meer voor (zelfs niet aan menschen geven. Aan wie). Dat Clair Obscur niet verschijnt kan me niet veel schelen, maar het is een bloody shame alles komt er behalve dat, twee jaar duurt het nu al. De afwezigen zijn er niet, zoo rekent ieder in Holland. Na 5 weken ziekte en rust ga ik 21 Mei weer om de Noord, eigenlijk wel goed al is 't varen met die imbecilen stomvervelend.

Zoo Ans nu weet je weer alles. Als Arthur mij schrijft zal ik hem dadelijk antwoorden en als ik zijn adres wist hem nu wel schrijven ik geloof wel dat het een kwestie van 't sympathische zenuwstelsel is dat daar met succes op kan worden gewerkt.

Bedenk jij maar iets voor mij wat ik in Europa doen kan dan

kom ik wel terug. Wil je even tegen H. zeggen dat ik niets meer uit voorraad gepubliceerd wil hebben, ik schreef het al eens, maar het schijnt niet doorgedrongen.

22 Juli (1927)

Ik kan je melden dat ik ontslag heb genomen bij deze Mij en naar Europa terugkeer, wanneer weet ik nog niet, hoe ook nog niet, denkelijk via Amerika of Australië. Ik voelde eerst veel voor Rusland maar dat is toch te lastig je moogt haast niet uit de trein.

Dat ik erg naar Holland verlang kan ik niet zeggen, wel naar Europa maar het is een probleem wat ik moet gaan doen dokteren is al heelemaal niet meer mijn idee, zoo is 't met gemengde gevoelens dat ik terugga. Naar menschen terugverlangen doe ik ook al niet erg meer behalve jullie Marsman en nog een enkele. Zoo is die tijd waarnaar ik zoo verlangde aangebroken, zonder mij die vreugde van herkregen vrijheid te geven die ik er van verwachtte. Clair Obscur is nu toch blijkbaar verschenen, ik zie dat de opdracht voor jou die voor de heel Chlotarius bedoeld was alleen boven 't eerste staat enfin de goede intentie zal je hoop ik even goed apprecieeren.

Hoe gaat het met i 10 ik vrees ervoor Arthurs ziekte zal er geen goed aan hebben gedaan. Nu beter zijn neus hersteld en i 10 naar de verdommenis dan andersom.

Wij naderen Batavia voor de zooveelste maal de homeport. Ik hoop dat jij ook weer in je homeport zit of blijft je maar rondtrekken?

Nu Anneke (tooverheks) schreef ik laatst onleesbaar ik stop misschien is er nog nieuws maar ik weet het momenteel niet. Verzen schrijf ik nog wel, malgré moi, maar wat schiet je daar mee op.

Sanary, 21 Nov. 1927

Eindelijk. Door ziekte loomheid etc, kwam ik er niet eerder toe. Wat jammer dat ik jullie hier niet zie, misschien hadden we hier dan ook iets gezelligers gevonden dan dit hotel. L. is er nu op uit. Want ik ben nog half Lam altijd dat gesukkel. Deze keer zullen we

er alles op zetten om eens beter te worden.
(...)

Ik schrijf niet veel. Graag zou ik nog wat i 10's en boeken hebben, we zijn van alles verstoken. We blijven nog een dag of tien tot mijn algeheel herstel. Het zou mij leuk lijken nog een tijdje in N[oord]-wijk samen te zitten, houden jullie 't nog aan. Ook zou ik als ik in A'dam wat ga werken, misschien die vrijgekomen etage wel kunnen huren. Dit van hieruit beslissen gaat moeilijk.

Ik heb niet veel belangstelling voor ''t Westersche geestesleven' vooral niet voor de Hollandsche letterkunde. Ik geloof dat ik een hoop van Oost Azië weet wat jou speciaal kan interesseeren. Nous verrons. Schrijf eens gauw terug erg benieuwd weer eens iets te hebben van jullie.

(Poststempel IJmuiden 23 Mei 1928)

Meine Ruh ist wieder hin. Vlak voor vertrek kreeg ik een brief uit R'dam of ik daar assistent wou worden na deze reis (half Juli). Over enkele dagen moet ik beslissen. Het is weer moeilijk. Ik vrees dat ik het doen moet, al zou ik 't ook niet plezierig vinden. Ik zou daar 1 jaar of 1½ jaar blijven en van daar gaan vestigen in Shanghai of een andere Chineesche plaats.

Maar 't is weer zoo vreselijk gauw, ik ben hier nauwelijks gewend. Moet ik 't mij moeilijk of gemakkelijk maken. Moet ik aan de toekomst denken of er mij niet om bekommeren. Ik weet ook niet of ik erg gehecht ben aan 't varen of niet. Misschien wel. Ik heb geschreven dat ik van Lisboa seinen zou doen of niet.

Wees lief en sein mij eens naar Cherbourg wat je er van denkt. Is dat te vlug dan naar Coruña. Cherbourg zijn we Dond.av. 6 uur. Coruña 26 Mei ± 's middags.

Ik zelf geloof dat ik 't doen moet maar ik heb zoo weinig zin: ik moet half Juli dan al werken in R'dam dus die maand vrij en die mooie Noorsche reis gaan er ook mee heen. Het is wél ontzettend jammer dat ik zelf niet naar R'dam ben gegaan dan hadden we 't beter kunnen overleggen. Nu moet ik alleen denken misschien dat wel goed maar aan boord is het moeilijk.

Help mij dus met je opinie (niet je raad). Anders sta ik er zoo heelemaal alleen mee. Wat een last. Dag Ans wees maar niet boos.

(Lisboa) 28 Mei 28

Je telegram viel samen met mijn eigen conclusie. De helft van dat vak geeft mij weerzin, en ik ben niet plichtmensch genoeg om niet het aangenamer leven te gaan berouwen.

In Vigo kreeg ik een telegram dat ik 1 Juli al moest komen wat ook onmogelijk was. Dus toen was ik er heelemaal van af.

Hier geen brief van je. Zeker toch te laat. Jammer. Maar gelukkig is de question brûlante beslist. En je brief krijg ik dan op de terugreis. Toch is 't noodig, dat ik niet te lang hiermee doorga, je wordt te zeer verwend. Het is precies als met de menschen op de Zauberberg, in 't vlak-land wil je niet meer terug op het laatst hoewel daar het leven is. Ik las nog een annonce om arts te worden op een der W.I. eilanden. Zooiets lijkt mij aantrekkelijk na een paar maanden voorbereiding. Helaas kun je er zoo moeilijk naar solliciteren.

Straks ga ik voor afleiding een mis bijwonen, we hebben een Braziliaansche bisschop aan boord met keurige paarse sokken geheel in de kleur van zijn soutane. Verder is er nog een Andalusische die met een groot diamanten kruis behangen is en zeer dubieuse liederen zingt met een schorre stem.

Nu An, ik eindig met de pen maar niet met het hart. (...)

Dag Anna houdt je taai en tot 14 Juli (fête nationale). Ik hoop je dan te zien.

(Poststempel Santos Juni 1928)

Je vroeg of ik veel wou schrijven en dus doe ik het maar weer nu ik zin heb, maar ik zit in de rimboe achter Santos en heb niets bij me dan een oud paspoort zoodat ik het daaruit neem. Misschien zal ik 't straks wel overtypen maar als ik wacht tot ik weer aan boord ben gebeurt het niet, want aan boord kan ik niets heelemaal niets meer uitvoeren. Het is sinds ik je schreef en al eerder verschrikkelijk.

't Is wel waar dat het er veel op leek dat ik voor varen voelde. Maar waardoor? Toen ik naar de Far East ging, lag er achter dat ik bijna getrouwd was, en dat misliep. Nu weer een analoog geval.

Het varen zelf is in zooverre goed dat het de misère aan de wal radicaal afbreekt. Op zich zelf is het niets.

Bij de Java-China-Japan-Lijn was het ellendig, maar toch was daar nog een zekere [onleesbaar] aan, door zijn ontbering van alles, en door de exotische plaatsen. Dit daarentegen is society life in zijn lafste luiste vorm. En niets er tegen geen stuk natuur behalve hier even een paar uur. Buenos Aires is weer stad en niets dan dat. Het is een kwestie van zelfbehoud dat ik ermee ophoud hoe dan ook. Ik heb nog naar R'dam geseind 't is natuurlijk te laat maar ik kon niet nalaten het tenminste nog te probeeren tot het inzicht gekomen. Anders moet ik er na de volgende reis mee ophouden en een tijd in Parijs werken. Als jij zoolang mee kon, dat zou heerlijk zijn en mij 't gevoel geven weer eens at home te zijn wat in drie jaar niet het geval was.

Misschien kan ik 't best mijn leven rekken door 's winters te varen en 's zomers in Holland op het land te zijn. Ook voel ik er veel voor, maar naar Indië te gaan en een afgelegen plaats te vragen.

(Braziliaans poststempel) 10 Juni (1928)

We naderen Rio en je vroeg of ik veel wou schrijven dus neem ik de pen ter hand, al is er weinig te berichten. Het is een stille reis geweest weinig passagiers 1e wat een voorrecht is en eerst gisteravond ben ik eens boven gebleven, heb wat gedronken en gedanst, verder zeer sober geleefd. Dikwijls heb ik nog aanvechting gehad om te seinen naar R'dam om toch te komen, maar ik ben bij 't eerste besluit gebleven. In elk geval heb ik na deze reis nu een maand voor mezelf, dat is wel een prettig vooruitzicht misschien kunnen we samen nog op reis gaan. Maak maar eens een plan de campagne. Je wijze brief heb ik nog vaak herlezen en als je me werkelijk wat rustig bloed kunt transfundeeren zou dat geen kwaad kunnen. Maar ik geloof dat ik vanzelf rustig zou worden als ik eens tot vast werk en een vaste liefde zou komen. Maar zoover zijn we helaas nog lang niet. We kunnen over dat alles beter praten dan schrijven. Vooral al wandelend in de regen in het Bergensche bosch. (...)

Ik ben wel blij dat ik dat tikding toch heb meegenomen, het doet me dingen afmaken waar ik anders niet zoo gauw toe komen zou. Veel heb ik deze reis ook niet uitgevoerd. Het is zoo moeilijk je te concentreeren. Stil is het nooit zelfs 's nachts niet en je leeft zoo dicht bij elkaar.

(Poststempel Leith 17 Aug. 1928)

Dank voor je depêche. Er is weinig te melden.

Natuurlijk ook weer last ondanks neurosan. Het scheepsleven staat mij meer en meer tegen.

Schotland is triest mistig, we liggen ver uit de wal. De kudde is naar de meren. We kunnen met groote moeite v.middag Edinburgh weer zien. Zend brieven naar buitenstaand adres — alleen de allerbelangrijkste. Zie in elk geval te zorgen dat ik alléén een paar dagen in dat huis kan zitten.

'tSpijt me dat ik zoo kribbig was, dat is in Indië erger geworden, in Europa niet minder, 't zal wel zoo blijven ook. Dag.

P.S. Let maar niet op mijn gemopper concludeer er alleen uit dat ik een atoom ben dat in geen chemische of physische verbinding past. Cavi!

Gelria Bennets Tourist Office
Bergen (Norway)

Gelria 4 April (1929)

Morgen Rio dus hoog tijd iets te laten hooren, al is er weinig nieuws gebeurd.

De overtocht was vrij kalm, weinig zieken weinig 1e kl. passagiers. In Argentinië wachten ons wel weer troebelen, quarantaine wegens gele koorts. Sommige schepen worden 6 dagen opgehouden en liggen dan werkeloos op de rivier, geen aanlokkelijk vooruitzicht. Vooral als we daardoor te laat terug zijn en van deze korte tijd nog een paar dagen afgaan. Want het is niet onmogelijk dat ik ook de volgende reis nog meemaak, wat geen aanlokkelijk vooruitzicht is, maar zoolang ik niet zeker ben van een assistentschap of iets anders of een vast plan heb hoe te kunnen leven aan land schei ik er niet mee uit.

Anderzijds is 't weer moeilijk om van zee uit en die korte tijd binnen dat te vinden, zoo blijft het een dilemma. Mijn 'mogelijkheden' zijn voor een groot deel bij nadere beschouwing 'onmogelijkheden'. Het is niet prettig. Ik tracht maar zoo opgewekt mogelijk te blijven, werk wel wat maar nooit genoeg naar mijn zin, een enkele maal eens wat drank, rooken doe ik niet meer. Zooals je weet had ik kans op een plaats in een sanatorium, maar veel heil zie ik daar ook niet in. (...)

Ik ben aan een werkelijk groot (en omvangrijk) ding bezig, wat wel goed wordt, maar de echte lust ontbreekt en ik vind het vrij redeloos iets te maken. Enfin, 't is tenminste een bezigheid. De finishing touch leggen komt weinig van, omdat mijn typewriter niet ideaal is en omdat ik eigenlijk het land heb aan het schrijven 'an sich', ik weet niet waardoor, ik houd niet van letters.

Albert Verwey

Holland en Duitschland

Het opstel dat ik schrijven ga is van een Hollander voor Duitschers. Hollanders mogen mij ten goede houden wanneer zij dingen die hun bekend zijn hier nog eens gezegd vinden: het gezegde zelf hoop ik dat Duitschers zullen verstaan.

Wat het mij schrijven doet is de genegenheid waarmee Duitschers die ik hoogschat mij tegemoet traden en de lust ook hen te doen vertrouwd worden met dit Holland dat ik bemin.

Want niets is verder van de waarheid dan dat dit Holland zich zonder tusschenkomst van den landzaat aan den vreemdeling openbaren zou. Daar het, hoewel bestaande op zichzelf, in werkelijkheid en geschiedenis, toch alleen leeft door het hart van den inboorling die er zijn leven aan leent.

Het hart van den inboorling is de spiegel die uit heden en verleden van zijn land de wijd en zijd verspreide stralen opvangt en ze terugwerpt tot een beeld.

Wat is het toch dat ons zóó zeer ons land beminnen doet? Diep in het genot van het bruin en blauw van Italië verlangen wij naar de zilveren blondheid van onze luchten. Dwalende langs de stroomen en door de dalen van bergachtiger landen lokt ons uit die beklemming onze horizon en onze zee. 'De liefde tot zijn land is ieder aangeboren' zegt eenvoudig onze grootste zeventiendeeeuwsche dichter. En voor hem was dat land nog vrij wat begrensder dan het latere Nederland. Buiten zijn gewest, buiten zijn stad misschien, ging hij niet. Nog klinkt in mijn ooren de trouwhartigheid waarmee een bewoner van deze zeekust een lichtvaardig kameraad weer tot bezinning bracht: je zou toch je dorp niet willen verlaten, zou je wel? Je dorp! Het was een van de kleinste gehuchten van onze kuststreek, maar in den toon van dien zeeman trilde de geheele aangeboren liefde tot ZIJN vaderland. Maar, opdat de scherts mij niet tegemoet kome die déze liefde aan de genegenheid van den rentenier voor zijn optrekje met uitzicht op een trekvaart gelijkstelt: ook wij die niet landen maar werelddeelen doorzwierven, ook wij die de geestesuitingen van alle tijden en alle beschavingen, en zonder dat dit ons zoo zeer merkwaardig leek, gadesloegen en in ons opnamen, ook wij hebben het geweld van die liefde voor ons land gevoeld. Een overmoedig en niet vaderlandsch gezind jongeling was ik toen ik met een boot van New-York naar Holland voer. Pas hersteld van een ziekte, gevoelig voor veranderingen in den dampkring, kwam ik op een morgen boven en zag al de uitheemsche reizigers in pelzen griezelend onder een hollandschen motregen. Ook op mij was de werking daarvan oogenblikkelijk, maar anders: ik deed mijn jas open en ademde met volle longen de vochtigheid die mij toewaaide van de kust die ik nog niet kon zien. Dat was de liefde tot mijn vaderland, die in mijn kosmopolitische hart sluimerde en wakker werd: het gevoel van bij elkaar te hooren, ik en deze aardestreek, het gevoel van één te zijn, onverwoestbaar één, door onherroepelijke wording en onvergankelijke gemeenschap, met dit ééne kleine deel van het heelal.

Zoo is het: wat wij liefde voor ons land noemen is niet anders dan het feit dat wij één zijn met dat land. Zooals men nauwelijks van de liefde van een moeder voor haar kind kan spreken, omdat dat kind, uit die moeder voortgekomen, deel van die moeder is, — zoo kan men van de liefde voor zijn land niet gewagen als van een vrijwillige genegenheid. Buiten onze wil geworden, met ons wezen zelf gegeven, is dat meegevoel dat een verwantschap is, — dat zich uit in gelaatstrekken en lichaamsbouw zoowel als in gevoelens en verbeeldingen, — dat in de luchten en lichten van zijn vaderland zichzelf herkent, — dat de adem van het leven zelf is zooals het zich door éénzelfde inblazing de gestalten schiep van landschap én mensch.

Indien de Hollanders met de Zwitsers den roem deelen hartstochtelijkste beminnaars van hun land te zijn — de eenen hebben de vrijheid van hun bergen lief, zegt men, de anderen zijn gehecht aan dien bodem dien zij zelf 'ontworsteld' hebben aan de zee — dan zal mijn spot hen daar niet in hinderen. Ieder landman heeft bij ondervinding dat de aarde van zijn akker zoo goed als door zijn handen gaan moet, zal zij vrucht dragen, en dat zijn zweet er de beste dauw voor is. De eigenschappen van elk ras ontstaan altijd en enkel in het verkeer met de aarde en het krachtigst ras vormt zich in den hardsten strijd. Maar het is er mij hier niet om te doen het hollandsche volkskarakter te verheerlijken. Elk beschaafde weet wel dat het kenmerk van alle ras: gevoel van onafhankelijkheid, eenmaal bij een groot deel van dit volk aanwezig bleek, en ook dat zij slechts één ding hooger dan de onafhankelijkheid van hun denkende zelf. Dat weet elk en het schouwspel van een dergelijke raskracht kan op dit eigen oogenblik aan afrikaansche verwanten worden gevolgd. Maar de gewoonte uit eigenschappen van de eene soort eigenschappen van een heel andere soort bij volk of enkeling te verklaren, lokt mij niet aan. Zeer zeker zijn onze oogen gevormd door den omgang met water en nevel; zeer zeker zijn onze gedachten vast en klaar geworden in den handel met markten en hoven; — maar ik geloof toch dat uit het eerste niet de hollandsche schilderkunst valt af te leiden, en dat het uit het tweede nog niet vanzelf sprekend wordt dat wij-alléén als volk in het Calvinisme de Hervorming ten einde hebben gedacht. Die grootste feiten willen op zichzelf gezien en doorgrond worden. En met deze enkele te noemen open ik de rij van geestesgebeurtenissen die hij die Holland kennen wil moet leeren verstaan.

De Hollandsche Schilderkunst is zoozeer de rijkste en schoonste openbaring van onzen volksaard dat ik dáárvoor in de eerste plaats iets zeggen moet. En liefst van al zeg ik dan meteen het groote woord dat die kunst zoowel als dien aard bepaalt: de Heerlijkheid van de Werkelijkheid. Dit is, meent ge, wat ieder schilder voelt. Maar ten eerste bedoel ik met Heerlijkheid niet de schoonheid waarin de dingen buiten ons, ons verschijnen, maar die Gloed waarin zij ons zichtbaar worden zoodra zij in ons tot vizioenen geworden zijn. En ten tweede is b.v. van de groote Italiaansche schilderkunst juist niet dit de beheerschende eigenschap, maar dat wat daaraan in ons wezen geheel tegengesteld is: de Majesteit van de Persoonlijkheid.

Dit zijn de twee groote machten waarin de Verbeelding van den Kunstenaar zich verdeelt en die altijd beide erin aanwezig zijn: Werkelijkheid en Persoonlijkheid. En het groote van de hollandsche schilders bestaat daarin dat zij naast de Majesteit van de Persoonlijkheid die door de Italianen gegeven was, de Heerlijkheid van de Werkelijkheid hebben geopenbaard.

Wat die schilders als bloem beleefden was als plant met takken en blaren de aard van het volk. Niet op de Persoonlijkheid en haar Vergoddelijking, maar op de Werkelijkheid en haar Verheerlijking was de aanleg van dat volk gericht. En ook zij die tot de verheerlijking niet stegen, leefden in de aanschouwing en in de verinnerlijking van de werkelijkheid.

Dit is de Volks-trek: de genegenheid naar, de liefde tot de werkelijkheid, met, in haar fijnere en hoogere bedoeling, overal waar die bewust werd, de verheerlijking van die werkelijkheid in het vizioen.

Ik verzoek u al de schakeeringen tusschen nuchter-nuttigen omgang en hoogste kunstuiting zelf doortedenken. Wat ik nog wil aanduiden is de noodzakelijkheid waarmee dit volk tot het Calvinisme kwam. In de eerste plaats: voor de verinnerlijking die het nodig had en wenschte was niet de Kerk, maar de Bijbel der Werkelijkheid. Dit had het gemeen met de Duitschers, voor wie ook Luther den Bijbel in de landstaal schreef. Maar in de tweede plaats: wat het wenschte was niet enkel de verinnerlijking, maar de verheerlijking van de werkelijkheid *in den menschelijken geest.* En die geest kan niet anders te werk gaan dan naar zijn aangeboren logica. De geheele onlogische werkelijkheid moge in den menschelijken geest worden afgebeeld: de geest zelf kan niet anders dan logisch zijn. En naast de oorspronkelijke werkelijkheids-verheerlijking van de kunstenaars werd ook deze verheerlijking van de Bijbelwerkelijkheid in de hoofden van de Nederlanders een schepping van den geest die zijn volle konsekwentie zocht.

Ik ben mij bewust dat ik hier ruimte voor vragen laat. Was het niet een Franschman die de Hervorming tot haar konsekwentie bracht? Hebben niet Franschen en ook Zwitsers — die minst geestelijke van alle menschen — het Calvinisme zelf eer dan de Hollanders aangenomen? Zeker, maar hier ligt tevens het onderscheid. De Nederlander, een volk met behoefte aan verheerlijking in den geest, kwam noodgedrongen tot logica. De Franschman, van nature logisch, trok al de lijnen door waaraan de Nederlander behoefte had, maar miste den gevoelsinhoud waardoor alleen in kunst en leven dat schema blijvende waarde kreeg.

Calvinistisch — d.i. geheel een schepping van den vrijmachtigen menschegeest — werd alleen de werkelijkheid van een hollandsch leven en een hollandsche kunst.

De trots van den Hollander ligt hierin dat zijn volk een klassieke beschaving heeft voortgebracht. En dien trots voelt hij vooral tegenover Duitschers, die dat niet, of niet in dien mate, of eerst veel later, gedaan hebben.

De Nederlanden zijn eeuwen lang een lid van het Duitsche Rijk geweest, en ofschoon de band door Karel den Vijfden, om familiebelangen, vrijwel was losgemaakt, was nog lang, in het begin van zijn opstand, het pogen van Willem van Oranje dat lidmaatschap bij Keizer en Rijk te doen wegen. Daarna eerst, onder zijn aanvoering, zochten deze gewesten steun bij anderen, eindelijk, onder Barnevelt, bij zichzelf. Onder Barnevelt ziet men Kerk en Staat, Wetenschap en Kunst zich vestigen. Hun vereenigde architektuur groept zich gaarne om het vredejaar, 1648, en om den vrede-prins, Frederik Hendrik, en vult den koepel van onze zeventiende-eeuw.

Het is niet mogelijk, geloof ik, de belangrijkheid van dit feit te hoog aan te slaan. Dezer dagen hebben twee duitsche dichters: Stefan George en Karl Wolfskehl drie kleine boekjes saamgesteld die het naar hun meening meest wezenlijke van de duitsche dichtkunst inhouden. Het eerste bevat aanhalingen uit Jean Paul, het tweede uit Goethe, het derde uit Goethe's voorgangers, tijdgenooten en volgers. Een dergelijke keus spreekt boekdeelen. Niemand zou het in Nederland in de gedachten komen onze dichters anders te groepeeren dan om Vondel, Hooft en Brederoo, de drie grootsten uit de zeventiende-eeuw. De rest is van minder beteekenis. Het onderscheid is dus zoo scherp mogelijk. De Hollanders hebben in de eeuw van Vondel, de Duitschers in de eeuw van Goethe hun zwaartepunt. En deze verhouding waarin zij staan tot hun voorgeslacht, bepaalt natuurlijk ook de wijze waarop zij zich verhouden tot elkaar.

Kort voor het optreden van Hooft en Vondel was het een brabantsch dichter, Jan van der Noot, die hier het eerst de nieuwe, fransche, metriek invoerde en dat doende tevens schoone verzen schreef. Uitgeweken uit Antwerpen vertoefde hij ook eenige jaren in Duitschland en gaf daar onder den titel *Das Buch Extasis* een vertaling van een van zijn gedichten uit. Een jong Brusselaar, Aug. Vermeylen, vond voor een paar jaar in de Berlijnsche Bibliotheek een exemplaar ervan. Daarbij gevoegd was een opstel van een zekeren Hermannus Grenerus waarin ook voor Duitschland de nieuwe poëtiek werd uiteengezet. Het is niet gebleken dat deze poging eenigen invloed had. Indien ze geslaagd was zou het sints Heinric van Veldeke de tweede maal geweest zijn dat een Nederlander een nieuwe poëzie over de duitsche grenzen bracht.

In Nederland verdeelde de fontein die Van der Noot was zich in veel kleine stroompjes. Humanisme en Renaissance, klassische, bijbelsche en natuurlijke kundigheden verbonden zich daar in steden en dorpen, bij geleerden en burgers, tot dien veelvervlochten groei die weldra in den bloei van daden en gedichten zou uitbreken.

Terwijl Duitschland nog door de pen van Opitz klungelde aan

metrische en prosodische voorschriften en proefnemingen — wij gelooven gaarne dat, zooals Philipp Hersdörfer in Nürnberg zeide, Joost van Vondel hem voor geen dichter hield — waren voor dienzelfden Vondel die metriek en die prosodie reeds de langbedwongen hulpmiddelen waarmee hij een heele eigenaardig-hollandsche levens- en wereld-beschouwing in beeld bracht en de klassieke dichterlijke uiting schiep van zijn volk.

Uitgegaan van diezelfde hulpmiddelen had Pieter Corneliszoon Hooft liederen geschreven waarin de humanistische mensch schitterend verscheen, Hollander ondanks zijn europeeschheid en fijnst muzikaal kunstenaar ondanks de geleerdheid van zijn verzenbouw.

Breeroo gaf aan de zangen en aan de straattafereelen van zijn volk een stem en een kleur waarin de middeleeuwen naklonken en de daagscheid uitblonk onder den hemel en de blijheid van den tot nieuwe beschaving stijgenden tijd.

Maar de Vorst bleef Vondel.

Roomsch geworden van kerkgeloof gaf hij, misschien juist daardoor, de verbeeldingen van het Calvinisme. De bijbelsche werkelijkheid, voor de ware Calvinisten met hun kritischen aanleg niet daar om te worden afgebeeld, droeg deze Dichter omhoog in de schoonheids-sfeer van Grieken en Romeinen. Keizer en Rijk en kerk idealiseerde hij met door de Hervorming gezuiverde vroomheid tot sints lang vergane verhoudingen. Onder hun stralende tegenwoordigheid groepeerde hij Christenen en Turken, vorsten en burgerijen, en dat heele wereldbeweeg om Holland heen, en Holland zelf en zijn stad Amsterdam en de lusthuizen van zijn vrienden.

Niet van zichzelf uitgaande, enkel lyrisch, zooals men wel eens gezegd heeft, maar het lyrisme van zijn hart doende leven onder deze wereldbespiegeling, de bloem van ons volksdom, zoo leefde Vondel.

Langzamerhand eerst, laat, als hij al ouder werd, bewogen smarten en vernederingen het hart van dien grooten verbeelder; en een persoonlijk verdriet werd de druk waar de fontein van zijn diepe gemoed onder opsprong door alle gestaltingen heen van zijn aarde-bespannenden droom.

Wie in den vreemde zal zeggen dat hij dezen Vondel kennen kan? Daar men nauwelijks dit zijn wezen aanvaardt in zijn vaderland! Zooals ik eens, in Middelburg, een zestiende-eeuwsch huis gezien heb: het huis van een steenhouwer, waar tafreelen uit het werk aan de steengroeven samen met Mozes water slaande uit de steenrots, en mythische koningen geflankeerd door romeinsche Cesars waren uitgebeiteld: zoo is alle werkelijkheid en alle kultuur tot een vast geheel vergroeid in al de inrichtingen van Hollands staats- en burgerleven: en zoo ook is in de sfeer van de schoonheid de synthese van het Vondelsche werk.

Toch, in al dat werk, meer niet dan een hollandsch burger. Niet de hartstochtelijke schepsels die Shakespeare uitstortte over het naar hartstocht begeerige Europa. Niet de hoofschheid en spaansachtige fierheid waarmee Racine en Corneille het hof van een Zonnekoning beschreden. Maar de ingetogen vroomheid en gevoelige goedmoedigheid van den in alle nederigheid het heiligste belevenden en naar veel zijden bepeinzenden hollandschen man. Toch is de zoetheid van zijn stem zoo klaar en krachtig, toch stijgt die stem zoo hoog, toch fluistert ze zoo innig, toch zijn alle menschelijke accenten zóó puur aanwezig onder de nooit rimpelende zuiverheid van zijn blanke verzen, dat ik niet weet wie hem gelijk zou komen in grootheid en meesterschap.

Schrijf ik nu in de ingenomenheid van den landgenoot? Ik geloof het niet. De gedichten van alle grooten zijn mij zoozeer goddelijke openbaringen gebleven dat ik niet wenschen zou één van hen te minachten. Maar ik meen zeker te weten dat zelden een taal zoo schoon geschreven is als de onze door Vondel, en dat wat het oor beroert als uiterlijke schoonheid voortdurend het hart treft als innerlijk gevoeld.

Men wete wel: deze peinzende, deze redeneerende schoonheid hoort zeer tot de letterkundige: anders dan die van Shakespeare die sterk werkt op de hartstochten: overeenkomstig evenwel aan die van de groote Franschen: Corneille en Racine. Maar dan meen ik te voelen dat Vondel in de weidschheid van zijn verbeeldingen door géén eeuwgenoot overtroffen wordt, dat hij aan de werkelijkheid dichter nabij staat dan de Franschen, en dat de reinheid van zijn geluid tot het vlekkelooste hoort dat bestaat.

Rembrandt verheerlijkte de werkelijkheid die hij zag; Vondel de werkelijkheid van de gedachten van zijn tijd. En wel waarlijk was ook in hem van dit hollandsche geestesleven de Heerlijkheid.

Ik noemde het als een trek van den volksaard niet staan te blijven bij indruk, ook niet bij verinnerlijking, maar zijn levensaanschouwing voorttevoeren tot de Heerlijkheid van het Vizoen. En voor dit calvinistische volk, en in de spreekwijze van het Christendom, viel het gevoel van die Heerlijkheid noodzakelijk met Vroomheid saam.

Vroomheid — schreef ik elders — was Vondels innigste en wezenlijkste schoonheids-graad. Deze te voelen in den toon van zijn stem is het proeven van zijn hartezucht, deze te zien in de ontplooiing van zijn verbeeldingen is het volgen van de vlucht van zijn ziel.

Zonder deze kan ook ons geestesleven na Vondel niet worden verstaan.

Vijftig jaar na de eeuw van Vondel begon het tafereel van de wereld te veranderen. Omstreeks dien tijd, kan men zeggen, was het verval van de Renaissance duidelijk. Zij had haar tweede en derde geslacht gehad en in de hollandsche dichtkunst was haar schoone nabloei Hubert Corneliszoon Poot geweest. Zij verviel en met haar de renaissance-staat, de Republiek der Zeven Provinciën. Wat zich voorbereidde, in Europa, over de heele aarde, was een moment van zelfbezinning zooals sints den aanvang van het Christendom niet was beleefd. Het was of de menschegeest, op eenmaal gewaar geworden dat de tijd gekomen was, zich welberaden terug trok uit de zooveel eeuwen beminde maar nu vaal geworden verbeeldingen en klaar en nuchter de grondlijnen teekende voor een nieuwe kunst en een nieuwe maatschappij. In Voltaire het eerst was de verstandszon opgegaan en zijn blinkende maar koude stralen lieten geen gevoelsdonkerte in de oude staten onaangeraakt. Washington, de kalme geest die een werelddeel om zich ordende en de held werd van een nieuwe gemeenschap, — Goethe, de aan hem zoozeer verwante, die in zijn geest de verstandhouding met de geheele wereld droeg, — waren de tegelijk, in het midden van de eeuw, geborenen, die in breede lagen tot in onzen tijd de volkeren hebben beheerscht. Hun tijdgenoot, in Nederland, was Willem Bilderdijk.

Nu ik den naam van dien grooten man neerschrijf voel ik duidelijk hoe het noodlot dat hem zijn vaderlandschen plicht deed doen hem buiten de lijn van het nieuwe leven dreef.

Duitschland was een jong volk dat voor het eerst kon uitkomen. In wijsbegeerte, poëzie en muziek is het in die jaren zonder eenigen twijfel geheel Europa voorgegaan. Wat Holland goeds had, vruchtbaarst werkte het op den duitschen dichter. Was het niet Goethe die in zijn jongelingstijd zijn zin voor werkelijkheid kweekte aan hollandsche schilderijen? Was Spinoza hem niet nabij tot in zijn ouderdom?

Spinoza was de meest calvinistische Calvinist geweest. Hij had de kritiek van de Calvinisten ook op den Bijbel toegepast en de Godsverbeelding die hij overhield met de voorstelling van het Leven gelijk gemaakt. Dit was de kern van de zelfbezinning waar de geheele wereld toe naderde. Het Leven te voelen, het Leven te verbeelden, het Leven te verheerlijken. Wat kon meer hollandsch zijn.

Maar zie nu hoe, terwijl van Lessing tot Goethe een heel geslacht van Duitschers zich voedde aan Spinoza's woorden, zij die zoodoende tenminste tot de liefhebbende waarneming kwamen, zooal niet tot de verheerlijking van de werkelijkheid, — zie nu hoe tezelfdertijd de hollandsche dichter, dezelfde zelfbezinning bestrevende, het verlangen naar verheerlijking veel heftiger voelende, hen tot een waardevolle verstandhouding met die werkelijkheid niet bracht.

Wat het hem deed was zijn vaderlandsche plicht, zei ik.

Het groote gewrocht dat deze eigenaardige renaissance-staat

door een klein volk geweest was, woog met een ongewone vracht van eerwaardigheid. Het zelfbesef dat zich in de nieuwe toestanden van een snel veranderend Europa oriënteeren wou, kon niet nalaten rekening te houden met zulk een monumentaalheid. De werkelijkheid van dat nieuwe leven kon niet genaderd worden eer het begrip van het vroegere zoozeer vereenvoudigd was dat het in zijn algemeenheid ook dat nieuwe omsloot.

De vroomheid, als het diepst bezonken verlangen naar verheerlijking van het leven, was sints eeuwen een volkstrek, — Vondel de klassieke dichter had haar geuit in de verheerlijking van bijbelsche verbeeldingen, — nu de tijden veranderden en over de heele wereld de vormen van de werkelijkheid de plaats van de christelijke voorstellingen innamen, kon de dichter die als kind van zijn volk en erfgenaam van Vondel die vroomheid het hevigst voelde met die werkelijkheid die rondom hem leefde niets doen.

Pijnlijk is het den hijgenden toon te hooren waarin het verlangen van Bilderdijk zich vertolkt. De werkelijkheid omverbeelden kon hij niet, — zelfs haar waarnemen was een vermogen zóo ver van hem dat hij, tegenover Jacob Grimm, wiens grootheid hij gul erkende, de vormen van de taal alleen uit zijn eigen geest en niet ook uit het onderzoek van die vormen wilde vaststellen, zóo ver dat hij zich later verging in Messianistische voorspellingen, — het lichaamsleven was hem een pijn en van de blijdschap die Goethe over de dingen uitgoot had hij geen denkbeeld, — en toch was hij een man die de vormen van het Christendom als verbeeldingsvormen niet meer genoot. Wat wonder dan dat hij in een luchtledig hing. Zijn geest, die tot de grootste hoorde van Europa, had de vragen die in Duitschland zoo druk besproken werden doorgrond en de waarheid van Kants ontkenningen had hij in zijn diepste hart verstaan en aanvaard. Maar nu dat verlangen te uiten dat uit volk en dichtkunst opgeklommen in hem belichaamd was! Met de verbeeldingen van het Christendom herleid tot lijnen die hun oorsprong niet meer dorsten, een nieuwe werkelijkheid nog niet mochten aanduiden, bleef hij, de dichter met den hoogst gespannen toon, tenslotte meest van al tot die te prijzen verstanden behooren die staan tusschen het Christendom en den nieuwen tijd. Gevolg van zijn niet kunnen naderen tot de werkelijkheid was het retorische: toets en kern van het in poëzie ondeugdzame. En dat retorische is het wat de houding van een later geslacht, het onze, tegenover hem heeft bepaald. (...)

Zoo voelen wij ons naast het verwante Duitschland staan vol van onze herinneringen en verwachtingen. Onze vriendschap met de besten daar, is de schoonste bloem die ons dichterschap ons plukken deed. Ook zij, weet ik, zullen niets liever zien dan de verheerlijking van die werkelijkheid die Holland is.

1900

Leo Vroman

Brief uit Amerika

Beste G., october 1952
Dank je voor je brief die mijn vorige (nu waarschijnlijk al gepubliceerde) beantwoordde. Je zegt: houden van een neger is op zichzelf al aan politiek doen. Inderdaad, als ik langer dan vijf minuten met Alfred of met Muriel praat, heb ik reeds het gevoel van in een steeds sterker stromende beek te staan, die ten slotte zou kunnen zwellen tot een rivier, welke mij ondersteboven sleurt en verdrinkt. Je krijgt overigens de groeten van ze terug. Muriel is intussen terug-verhuisd van Emergency (samen met ons lab in de basement) naar Childrens' Ward (vijfde verdieping). Dat betekent, dat ze er haastiger, slaperiger uitziet en bovendien met een gezicht alsof er zojuist iets bijzonder geks is gebeurd. Je schijnt door dit aspect geïntrigeerd te zijn; ik kan nog wel eens wat meer van Al en Muriel loskrijgen als je dat leuk vindt.

Het doen aan politiek was deze weken trouwens onvermijdelijk. Ik heb, zoals de meesten, gedurende beide conventies iedere avond van negen tot ongeveer half twaalf voor ons televisietoestel doorgebracht, meestal eerst in een leunstoel, dan zittend en ten slotte liggend op onze couch. Het was op den duur alsof er een groot gat in onze buitenmuur was gevallen waardoorheen de aangrenzende zaal was te zien en te horen, en waarvoor talloze mannen om beurten mij trachtten te overtuigen. Soms ook was het alsof ik, een onzichtbare heer, door de geweldige ruimte zweefde, van delegatie tot delegatie, soms neerschietend als een roofvogel wanneer een belangrijk persoon te zien was die zich in de nagels beet of plotseling opstond en zich door de menigtes heen een weg baande naar een critisch punt. Dan was daar vaak iemand van de televisie of radio met een walkie-talkie, vragend wat de delegatie dacht dat zijn groep zou beslissen en o, daar kwam juist zo-en-zo ook al om de delegation over te halen waarschijnlijk en ja, meneer, meneer, als u ons even kraak kraak (de interviewer struikelt) pardon ons even wilt inlichten, meneer nee, nee, deze meneer wil kennelijk niet praten; hij hoort me wel, maar zoals ons publiek wel zal kunnen zien op hun ontvangers deze meneer kijkt maar wat in de lucht en terug dus naar ons contrôlehokje met Walter Cronkite. Klik; ja die meneer was blijkbaar onder instructies, Dave, en we zullen maar weer overschakelen naar de spreker. Er is nog een groot verschil tussen het zien van een serie geprepareerde korte shows en van een doorlopende conventie. Een korte show blijft onnatuurlijk levendig en netjes tot het einde; cabaret-mensen behouden hun onnatuurlijke opzettelijkheid tot het einde; leden van quizzes en panels (groepen deskundigen) blijven in ongekreukte hemden en jasjes en broeken zitten en blijven geestig (b.v.) tot ze door een advertentie worden afgelost. Maar gedurende de conventies, van uur tot uur en van dag tot dag, kon men de mensen zien veranderen, langzaam opleven en wegzakken, lichtelijk vervuilen of met opnieuw geplakte haren terugkomen, terwijl de papieren in hun zakken en op lege stoelen kreukelden en ook de stoelen zelf zichtbaar verouderden. Op de ochtend van de laatste dag zochten de camera's langs lege rijen naar de weinige aanwezigen. Twee vrouwen werden voorgesteld als tegencandidaten tegenover Sparkman, en een paar intussen gegroeide groepen juichten een beetje, enkelen knikten elkander toe, anderen zaten scheef te lezen in scheve stukken krant waar dan soms duidelijk iets van de tekst was mee te volgen; de vertrektijd van de perstrein werd aangekondigd, de zitting gesloten, en de commentator zei een paar vriendschappelijke dingen tegen Betty Furness, de blonde juffrouw die al die dagen de advertenties voorgedragen had. Betty giechelde een beetje, keek eens of haar jurk wel netjes zat, stotterde en kreeg ten slotte ook iets gezegd, en weg was Chicago. Ik draaide ons warmgelopen toestel af en keek met opluchting naar het blanke scherm, waar zoals altijd een streepje licht opdoemde in de stilte, zachtjes wegzeilde naar rechts, kleiner en kleiner, en verdween.

Ik had al die tijd vakantie, gelukkig; anders was ik nu een gebroken man geweest. Wat je vraag naar de censuur door de kerk op onze kleding betreft: gedurende mijn vakantie en ook nu in mijn vrije tijd, rondom het huis, loop ik meestal in een klein broekje rond en mijn vrouw, die daarop gemaakt is, ook (maar met nog iets meer aan). Het is hier strafbaarder om te kijken dan om te laten kijken. Ons oudste kind baadt dagelijks in een opblaasbaar plastic zwembadje op ons achterbalkon en is dan twee jaar oud en gekleed in enig schamel lichtblond hoofdhaar. Niemand, zover ik weet, neemt aanstoot. Ook heb ik nog nergens in deze stad of zelfs in New York een stout woordje op een muur zien staan of een overeenkomstig diagrammetje. Ik geloof niet dat het speciaal de kerk is wier hand deze beelden uit de gedachte heeft gewist; maar de kinderen worden hier meer als kleine volwassenen behandeld en zijn daardoor buitenshuis zoeter en binnenshuis stouter dan in Holland; en de puberteit, noodzakelijk hier voor de slachtoffers al even verwarrend als elders, wordt met grotere openhartigheid doorleefd. Het meisje dat hier naakt zou lopen zou dan ook eerder worden aangerand dan uitgelachen.

Het is natuurlijk mogelijk, dat ik mij in dit alles vergis. Twaalf jaren zijn voorbijgegaan sinds ik zo haastig, droevig en definitief uit Nederland vertrok; het was toen nog een grote tuin, met huisjes en mensjes versierd; de weiden waren licht tegen een donkere lucht, of donker tegen een lichte lucht, of grijs tegen een grijze lucht; mooi, aardig; en netjes op de kinderen na. Nu, na zovele vreemde verhalen, landen en geluiden, weet ik niet of ik droom of wakker word wanneer ik denk aan vroeger; en de weinigen die ons ooit uit Holland komen bezoeken verschijnen en verdwijnen als visioenen; ze spreken Nederlands met een Nederlands accent en kijk ik met hen door ons raam naar buiten, dan is de Zeister tram juist om de hoek verdwenen, zijn de rails en kinderhoofdjes glad gestreken en alle duizenden dames en heren op hun fietsen zijn weggevlucht als spreeuwen. De Hollanders die het dichtst nabij zijn: een Oom, een Tante, die Oom weer, Dola de Jong, die (lieve) Tante, en ten slotte Dola, zijn allen Amerikanen. Als een van hen verdwijnt, is voor ons één derde van het Nederlandse volk uitgestorven. Toen de koningin hier was — die ik nog steeds het gemakkelijkst Prinses noem — had ik wel eens met haar willen praten en Hollands doen, maar dat zou geloof ik tegen de Hofwet der Nederlanden geweest zijn, hoe aardig ze zelf ook is. Ook was ik wat bang dat binnen een cirkel van dertig meter rondom H.M. gekomen, ik weer onder de invloed zou zijn van het Groot-neerlands Gezag van Vaderstaat en dat ik zou worden gearresteerd door een veldwachter die mij zou inhalen in een subway station, wegens overtreding van artikel 461 Wetboek van Strafkwaad.

Ziezo. Als ik deze pagina's zo eens overlees, staat er niets, vooral niet voor de lezer, welke ik, gemak-schertshalve, waarde pleeg te noemen. Ik zie daar b.v. plotseling een dame zitten, die duizend mijl of volgens haar 4500 km voorbij mijn horizon, in een vooroorlogse leunstoel. Ze heeft een papzacht onderkinnetje met wat dons erop en kleine golfjes in het nogal serieuze haar. Ze zit dit te lezen, houdt op, kijkt naar buiten waar een stuk werkelijkheid voor haar en onwerkelijkheid voor mij te zien is, en ze denkt: wat is nu het verschil? Zou u hier zijn, mevr. Kugteltbroodt, geboren Buipsertjen (om u maar eens een naam te geven die u nog niet heeft), dan zou ik u van de trein komen halen. U had een geel spoorkaartje, dat door de conducteur in de bruine, elektrische trein vervangen is door een wit strookje en in de rug van de stoel (olijfkleurige pluche) vóór u is gestoken. U kwam n.l. van New York en hoefde niet over te stappen. Onderweg heeft u buiten New York de geur van varkenskwekerijen genoten, die als drukbevolkte en dakloze wc's in een golvende zee van riet verscholen liggen. De volgende plaatsen (Newark met een mooi glad station en enkele wolkenkrabbers, Elizabeth, Linden, Rahway) zien er allemaal uit als Rotterdam of zo, behalve dat de weinige niet-fabrieksgebouwen die zichtbaar zijn, er wit of grijs uitzien, want die zijn van hout. Voorbij Rahway kon u het landschap groener zien worden, met woeste bomen, esdoorns meestal, en struiken zo laag als planten, planten zo hoog als struiken, alles onontwarbaar, half bloeiend, half verdord. U zult de bloemen wel precies vinden lijken op de wilde Hollandse en toch net een beetje anders, spiegelschrift of zoiets. Het zeventien- of twintigjarige meisje, Knocky Zuigsla geheten, leest die misschien nu ook. Ze heeft thuis een kiek aan de muur hangen, studeert iets dat ze misschien toch niet had willen studeren en heeft het 's zomers altijd een beetje warm. 's Winters, buiten, komt er stoom uit haar mond. Voor haar, en voor Jan Boon en Hans Maassen, kan ik hier meteen aan toevoegen dat jullie met dezelfde trein zijn gekomen. Bij New Brunswick gaan jullie allemaal over een rivier, de Raritan, die plat en langzaam is, want we zijn nog steeds vlak bij de onzichtbare oceaan. Dan een groot bord 'Johnson & Johnson', rood op wit. Grote bakstenen gebouwen, ietwat van boven gezien, horen erbij. Dan het houten, ontverfde perron, leeg behalve waar het korte, houten afdak nadert met enige mensen eronder. De trein staat stil en jullie stappen, hoop ik, allemaal uit. Watch your step, zegt de conducteur terecht tegen iedereen en alles. Er staan allerlei vreemden te wachten. Een klein zwart mannetje, dik en met uitpuilende ogen, ons allen onbekend. Een niet al te lange, magere man, vrij bleek voor het seizoen op zijn lange, geplette neus na, gekleed in kortmouwig opennekkig bloesje en bruine slappe slacks: Vroman. Verlegen samen de trap af stommelend, vindt men op straat alles een houten replica van Utrecht, alleen glooien de straten wat meer. De grond is van cement (trottoirs) en asfalt (weg zelf). Er ligt geen hondenvuil, maar er lopen wel honden, en twee straten verder woon ik; om de hoek kan je het huis al zien. Met behulp van een nieuwe houten trap, vastgespijkerd aan het honderdjarig houten huis, stijgen we enigszins boven een souterrain uit op welks ramen 'Reliable hand Laundry' staat geschilderd. Via een platformpje kan de menigte nu gerieflijk een deur door en een portaaltje in dringen; Vroman, of ik zal maar Leo zeggen, haalt een sleuteltje te voorschijn en maakt de deur naar zijn appartement open. Jullie mogen ook op de bel drukken, die dan ping pong zegt, en desnoods je voeten op de cocosmat vegen (waar geen welcome op staat), maar je schoenen worden hier nooit echt vuil. Daar is ze!! Gerritje namelijk (eigenlijk Geraldine geheten). Ze is nog maar twee jaren kort, heeft lichtblond haar en bruine ogen en een lange broek aan. Ze zegt Daddy!, schrikt dan en loopt hard weg. Mijn vrouw is achter een dichte deur bezig het kind nummer twee (Peggy Ann) te zogen. De meubels van onze huisbaas blijven intussen voor zich uit kijken: een dunne, lelijke en gerieflijke rode leunstoel, een lelijke, nog gerieflijkere dikke gele leunstoel, een hobbelige slungel van een couch, donkerrood met gele strepies, een smalle tafel. Het grijs gebloemde behang? Dat, beste Knocky, hebben we zelf uitgekozen en was nog het beste bij dit vreemde meubilair. Daaraan hebben we zelf nog dit ouderwetse bureau toegevoegd en deze kastschrijftafel, en natuurlijk het televisie-toestel, en de long playing recorder. Het dichte, lichtblauwe gordijn, dat ook van ons is en een hele wand beslaat, verbergt de andere drie kamers, met deze op een rij gelegen; slaapkamer met shower en je weet wel, grote keuken met frigidaire, gasfornuis (met pilotflames), wasmachine, tafel en vier stoelen waar we altijd eten. Achter de laatste deur heeft Tineke zich nu blijkbaar teruggetrokken, al voedende. De muren van de keuken zijn zoals mevrouw Kugteltbroodt reeds aarzelend opmerkt, bekleed met wildgekleurd behang, ook onze keuze, met hoge lambrizering van wit zeildoek dat op tegels lijkt, makkelijk schoon te houden, weet u. Ja, zo'n stalenboek is verdeeld in een afdeling grote plechtige bloemen en veren (zitkamerbehangsels), een met pastelkleurige plantjes, scharreltjes en dingetjes (slaapkamers), een met zwanen, naakten met zeewier voor het onderbuikje langs, of lange haren en andere ongelukkige toevallen die een en ander bedekken, verder waterlelies, dooie vissen met bidoogjes, en geheel naakte kikkertjes (badkamers, die hier meestal één zijn met wc), en een afdeling groen en geel, met rode kersen die aan paarse ranken moeten bungelen, half van een wit bord hangend, gesteund door een oranje blokje dat met een krulijzer aan een volgend stel kersen zit vastgehaakt enz. (keukens). We hadden oorspronkelijk de muren willen laten verven of zelf verven (veel mensen doen dat), maar de kalk was daarvoor te slecht. Het behang in dit huis is een vrolijk masker op een pokdalige, geweldig bedroefde huid. Het linoleum in de keukenvloer stommelt moeizaam voort over een onstuimige zee van knoesten, die uit de onderliggende planken te voorschijn zijn gesleten. Ik heb die vloer zelf, voor het verhuizen, schoongemaakt op een nacht, samen met een mannetje, bij een klein geel lichtje. Onder het oude linoleum lagen kranten waaruit bleek dat Truman was verkozen en Dewey verslagen. Daaronder lag een bruine korst, de echo van een patroon vertonend die loskwam in kruimeltjes, plakkaatjes en een geweldige, knakkende muur die ons een ogenblik het licht ontnam terwijl we hem wegrolden in een hoek. Toen het oude, dode stof was gedaald ontwaarden we weer een laag kranten, ditmaal beige gekleurd. De Duitsers, stond ergens in een uitgemergeld lettertype, hadden een Amerikaans schip tot zinken gebracht en president Wilson zou tot actie overgaan. En hier was het portret van Mrs. Birmingham, de lezer wist wel. Er was een getekend lijstje met lovertjes om een kiekje van een geweldige hoed waaronder een uiterst klein kopje mens, een vegerig oog vertonend met donkere ooglidjes.

Jaja, dit is een oud huis. De vorige bewoners hier waren Russen, een aardige dronkaard die vaak voor de deur en half van de trap lag, groot, muf en klam, getrouwd met een dor klein vrouwtje dat meestal op het voorbalkon zat en dan voor zich uitkeek, ietwat naar links misschien, dat kon men door het glimmen van haar bril niet erg goed zien. Zo, nu hebben jullie alles gezien, behalve de nursery met Tineke en kind.

Moet iemand soms even handen wassen, hi, hi?

L. Vroman

Verantwoording

Een reservaat van pekelharingen is als een versplinterde spiegel die de vertrokken schrijvers in hun woede of met gebroken hart hebben achtergelaten: alle stukjes reflecteren een stukje van hen en van onszelf. Het is het gebarsten zelfbeeld dat Nederlandse schrijvers, hoe ver zij ook reizen of vluchten, altijd met zich meedragen. Deze bloemlezing pretendeert niet alle mogelijke stukjes proza van deze denkbeeldige spiegel samen te brengen. De lezer vindt in dit boek slechts de scherven die mooi blonken of een fraaie barst vertoonden.

De verschillende persoonlijke beschouwingen over het vaderland zijn alfabetisch gepresenteerd. De titels zijn van de auteurs zelf afkomstig, behalve de brief van Bakhuizen van den Brink, die is gekozen door de samenstellers van zijn brievenbundel *Uit de werkplaats* en de bijdragen van Busken Huet, Emants, Van de Linde, Reve en Slauerhoff — die zijn van de samensteller.

In vier gevallen viel een ultra-korte inleiding niet te vermijden: de teksten van Bakhuizen van den Brink, Gerrit van de Linde, Multatuli en Slauerhoff kregen een verklarende alinea van de hand van de samensteller van de onderhavige bundel.

Bronvermelding

Bertus Aafjes, 'Loflied op de Nederlandse grens', uit: *De wereld is een wonder*, Meulenhoff Amsterdam, 1959, p. 5-7.

R.C. Bakhuizen van den Brink, 'Werk in Wenen en hang naar Holland', (fragment uit: 'Brief aan J. Bake', Brussel, 29 juni 1846) uit: *Uit de werkplaats*, bezorgd door dr J.M. Romein, Elsevier Amsterdam/Brussel, 1951, p. 150-155.

Godfried Bomans, 'Nederlanders in Rome', uit: *Wandelingen door Rome*, Elsevier Amsterdam/Brussel, 1956, p. 198-204.

Conrad Busken Huet, ('Amsterdam'), uit: *Van Napels naar Amsterdam: Italiaansche Reisaantekeningen*, Tjeenk Willink Haarlem (2de druk), 1877, p. 239-245.

Louis Couperus, 'De terugkeer', uit: *Van en over mijzelf en anderen*, *Volledige werken* deel 27, bundel 3, onder redactie van Karel Reijnders e.a., Veen Utrecht/Antwerpen, 1989, p. 489-495.

Louis Couperus, 'Wonen in het buitenland', uit: *Korte arabesken*, *Volledige werken* deel 29, bezorgd door H.T.M. van Vliet e.a., Veen Utrecht/Antwerpen, 1990, p. 140-146.

Marcellus Emants, ('Arjeploug'), uit: *Op reis door Zweden*, W.C. de Graaf Haarlem, 1875, p. 153-170.

Albert Helman, 'Uit op verkenning', uit: *De Gids*, jrg. 150 (1986-1987) nr. 2-3 (1987), p. 213-218.

Gerrit Komrij, 'Een blinde vlek op de landkaart', uit: *Met het bloed dat drukinkt heet*, De Arbeiderspers Amsterdam, 1991, p. 55-71.

Alfred Kossmann, 'Proeve van vaderland. Een verslag', uit: *Reisverhaal*, Querido Amsterdam, 1966, p. 9-42.

Gerrit van de Linde (de Schoolmeester), 'Dutch courage', uit: Marita Mathijsen, *De brieven van de Schoolmeester*, Querido Amsterdam, 1987, p. 256-265.

Geerten Meijsing, 'Terug in de stad', uit: *De Grachtengordel*, De Arbeiderspers Amsterdam, 1992, p. 13-22.

Multatuli, 'Een en ander over Pruisen en Nederland', uit: *Verzamelde werken* IV, bezorgd door Garmt Stuiveling i.s.m. P. Spigt, Van Oorschot Amsterdam, 1952, p. 66-91.

Gerard Reve, ('De zinkput die Nederland heet'), uit: *Brieven van een Aardappeleter*, L.J. Veen Amsterdam/Antwerpen, 1993, p. 161-164.

Karel van het Reve, 'Moskou beter dan Amsterdam', uit: *Met twee potten pindakaas naar Moskou*, Van Oorschot Amsterdam, 1970, p. 48-51.

J.J. Slauerhoff, ('Het Hollandse geestesleven is een Danaïdenvat'), uit: Arthur Lehning, *Brieven van Slauerhoff*, A.A.M. Stols 's-Gravenhage, 1955, p. 14-61.

Albert Verwey, 'Holland en Duitschland', uit: *Luide Toernooien*, W. Versluys Amsterdam, 1903, p. 5-33.

Leo Vroman, 'Brief uit Amerika', uit: *Proza*, Querido Amsterdam, 1960, p. 87-93.